Robert Preis

111 Orte in der Steiermark, die man gesehen haben muss

Mit Fotografien von Verena Pöschl

111

emons:

Bibliografische Information der Deutschen Nationalbibliothek
Die Deutsche Nationalbibliothek verzeichnet diese Publikation in der Deutschen Nationalbibliografie; detaillierte bibliografische Daten sind im Internet über http://dnb.d-nb.de abrufbar.

Covergestaltung: Karolin Meinert
Lektorat: Julia Lorenzer
Gestaltung: Editorial Design & Artdirection, Conny Laue, Bochum, nach einem Konzept von Lübbeke | Naumann | Thoben
Kartografie: velovia, www.velovia.bike
Christiane Weidle & Kristof Halasz

Druck und Bindung: CPI – Clausen & Bosse, Leck
Printed in Germany 2024
ISBN 978-3-7408-2115-9

Vorwort

Das Unterfangen, 111 Orte eines Landes auszusuchen, das so vielfältig und sonderbar, so wunderschön und beklemmend und so verträumt und gestresst wie die Steiermark sein kann, ist nicht einfach. Sie sehen schon an den Adjektiven, meine Herangehensweise ist nicht die übliche. Aber wie sollte es auch anders sein, ich schreibe seit mehr als zehn Jahren Krimis, die mein Heimatland von seiner facettenreich-düsteren Seite darstellen.

Ich habe diesmal dennoch versucht, eine Mixtur zu finden aus jenen Orten, die gefallen, also gefällig sind, und jenen, für die es einen zweiten Blick braucht. Selbst die klassischen Sehenswürdigkeiten haben ja stets auch ihre besonderen Ecken und Winkel, und da und dort verbergen sich Geschichten, die möglicherweise auch für Einheimische ein Aha-Erlebnis darstellen.

Mit der Fotografin Verena Pöschl hat dieses Buch einen Glücksgriff gemacht, denn sie sieht die Dinge oft entlarvend, erkennt Details, über die andere hinweggesehen hätten. Gemeinsam ist es uns hoffentlich gelungen, Sie, werte Leserschaft, auf der einen oder anderen Seite zu überraschen und in Ihnen die Lust zu entfachen, durchs Land zu reisen – selbst wenn Sie bislang glaubten, es zu kennen …

Robert Preis, Dezember 2023

111 Orte

1 Die Stiftsbibliothek

Was hinter geheimen Türen verborgen ist

Die Stiftsbibliothek Admont gehört zu den schönsten in ganz Österreich, sie ist ein Zauberreich für Bibliophile, ein Traum in Marmor, umgeben von Weiß und himmlischen Deckenmalereien, manche nennen sie auch schlichtweg »Das achte Weltwunder«. 200.000 Bände umfasst die Sammlung an Büchern und Schriften im von Erzbischof Gebhard im Jahr 1074 gegründeten Benediktinerkloster. In der Klosterbibliothek selbst werden 70.000 Bücher aufbewahrt, sie ist mit 70 Metern Länge, 14 Metern Breite und bis zu 12,5 Metern Höhe die größte Klosterbibliothek der Welt. Und irgendwo dazwischen kann man geheime, sorgfältig getarnte Türen entdecken.

Insider wissen natürlich genau, wo sich diese Türen befinden: Eine davon ist etwa im Buchregal »Canonista« im Erdgeschoss verborgen. Die Bücher darauf sind nur gemalt, hinter den Attrappen liegt eine Tür, die in einen diskreten Zugang zu höheren Regalreihen führt, die man über eine Wendeltreppe erreicht.

Die Bibliothek selbst, so wie wir sie heute kennen, stammt aus dem Jahr 1776. Sie wurde vom Architekten Josef Hueber gebaut, die Fresken stammen von Bartolomeo Altomonte. Die Admonter Mönche sammelten aber bereits lange zuvor Bücher, das Scriptorium wurde bereits im 12. Jahrhundert gegründet, die Handschriften sind weltberühmt, allein Abt Engelbert von Admont (1297–1327 im Amt) verfasste rund 40 Abhandlungen. Zu den bibliophilen Höhepunkten der Sammlung zählen die insgesamt mehr als 1.400 mittelalterlichen Handschriften und die etwa 1.000 handgedruckten Inkunabeln.

Der Bibliothekssaal trennt die Literatur streng nach profanen und sakralen Werken. Hier findet sich zum Beispiel der Admonter Abrogans, ein Synonymwörterbuch Althochdeutsch–Latein, das vermutlich das älteste Werk in deutscher Sprache ist. Auch beeindruckende Sammlungen zu den Themen Fauna und Flora sowie gotische Kunst sind in Admont katalogisiert.

Adresse Stift Admont, Kirchplatz 1, 8911 Admont, Tel. 03613/2312604, www.stiftadmont.at | Anfahrt über die A9, bei Trieben abfahren und die L713 (Kaiseraustraße) bis Admont nehmen | Öffnungszeiten Juli–Okt. täglich 10–17 Uhr, ansonsten Mi–So 10.30–15.30 Uhr, 18. Dez.–1. Jan. geschlossen | Tipp In der Nähe befindet sich Schloss Röthelstein, ein beliebtes Ausflugsziel.

2 Die Wallfahrt bis Gurk

Ein Pilgerweg für eine Heilige

Ein markantes gelbes H ziert einen Pilgerweg, für den Wanderer recht gut zu Fuß sein müssen. Immerhin führt die Wegstrecke über Stock und Stein von Admont bis ins kärntnerische Gurk. Der Buchstabe steht für den Vornamen Hemma, denn bei dieser Tour geht es natürlich um die berühmte Hemma von Gurk (um 995–um 1045), die in der Krypta des dortigen Doms begraben ist.

Dass diese Grabstätte der Kärntner Landespatronin, die 1938 heiliggesprochen wurde, noch heute, 1.000 Jahre nach ihrem Wirken, als Wallfahrtsort verehrt wird, ist ihrer Lebensgeschichte geschuldet. Sie heiratete Wilhelm von der Sann, einen Grafen von Friesach. Dieser wurde jedoch in die Streitigkeiten zwischen Herzog Adalbero von Eppenstein (um 980–1039) und Kaiser Konrad II. (990–1039) hineingezogen. Als Adalbero wegen Hochverrats sämtlicher Güter verlustig wurde, rächte er sich an seinen Gegnern in Kärnten. Und dazu gehörte eben auch Wilhelm. Adalbero ermordete den kaisertreuen Gatten Hemmas im Jahre 1036 und machte sie damit zur reichen Witwe, die von nun an zahlreiche Güter ihr Eigen nennen konnte.

Das seelische Unglück hatte also positive monetäre Folgen für sie, denn sie galt damit als eine der reichsten Frauen ihrer Zeit. Sie verfügte über Besitzungen im heutigen Kärnten, in Slowenien und der Obersteiermark. Und ihr Geld vermachte sie im großen Stil der katholischen Kirche. Sie gründete im Jahr 1043 in Gurk ein Frauenkloster und dürfte dort auch Laienschwester gewesen sein. Außerdem stiftete sie etliche Kirchen, neun davon gelten als historisch gesichert, bei vielen weiteren wird es vermutet, was insofern bewundernswert ist, als es vor Hemmas Lebenszeit nur 20 Kirchen in Kärnten gab. Hemma spendete auch ihre Besitztümer in der Obersteiermark für die Errichtung eines Männerklosters, erst nach ihrem Tod wurde daraus Stift Admont, nämlich im Jahr 1074. Und damit schließt sich der Kreis. Deshalb der Wanderweg.

Adresse Stift Admont, Kirchplatz 1, 8911 Admont, Tel. 03613/2312604, www.stiftadmont.at | Anfahrt über die A9, bei Trieben abfahren und die L713 (Kaiseraustraße) bis Admont nehmen | Tipp Der Scheiblteich ist etwa drei Kilometer von Admont entfernt und immer einen Spaziergang wert.

3 Das sportliche Nobelhotel

Hier residierte ein Papst – und Real Madrid

So stellt man sich die Steiermark vor: ein beschauliches Dorf inmitten beeindruckender Berge, dazu ein Schloss. Der perfekte Ort, um Kräfte zu sammeln. Das dachte sich einst auch ein Fußballverein und versetzte das Ennstal in einen majestätischen Ausnahmezustand. Denn dieser Fußballverein war kein Geringerer als Real Madrid, dessen Vertreter auch »die Königlichen« genannt werden, manchmal gar »die Galaktischen«.

Fans kennen die Namen: David Beckham, Iker Casillas, Fabio Cannavaro … es ist nicht einfach, die Liste zu vervollständigen, zu schön sind die Erinnerungen. Dieses »weiße Ballett« – ja, der Club hat viele Namen – residierte Anfang der 2000er Jahre im Hotel Schloss Pichlarn in der Gemeinde Aigen im Ennstal, einem Schloss, das wohl im Jahr 1009 errichtet wurde. Dieses Stammhaus der »Herren von Püchlern« ging später ans Stift Admont, das es jahrhundertelang verwaltete; der Bau diente Geistlichen als Erholungsort. So fand hier etwa auch Papst Pius II., der als Enea Silvio Piccolomini (1405–1464) engster Berater Kaiser Friedrichs III. (1415–1493) war, Entspannung.

Anfang der 1970er Jahre baute der Industrielle Fritz Ries (1907–1977) das Schloss zu einem Luxushotel um. Dieses wurde als Treffpunkt der europäischen Politik legendär, der deutsche Bundeskanzler Helmut Kohl (1930–2017) war hier ebenso zu Gast wie der bayerische Ministerpräsident und Bundesminister Franz Josef Strauß (1915–1988). Heute dient Pichlarn vor allem als Golfresort.

In der Nähe befindet sich außerdem die Sportanlage der Nachbargemeinde Irdning-Donnersbachtal. Hier trainierten neben Real Madrid auch so schillernde Vereine wie der AS Roma (mit Francesco Totti), der VfB Stuttgart, der FC Schalke 04 und andere. Aber Real hat bis heute alles übertroffen. Mittlerweile touren die großen Fußballclubs in Übersee, die Glitzerwelt der Fußballstars strahlt in der Steiermark leider kaum noch.

Adresse Zur Linde 1, 8943 Aigen im Ennstal, www.schlosspichlarn.at | Anfahrt auf der A9 bis Rottenmann, auf die B113 Richtung Lassing abbiegen, ab Lassing auf der L740/L741 über Lantschern nach Pichlarn | Tipp Der Lassinger Badesee bietet auch zahlreiche Sportmöglichkeiten und ein Seerestaurant.

4 Der Teufelsstein

Ein schauriger Fund

Fast jeder Burg im Land wird nachgesagt, einen unterirdischen Gang zu einem weiteren Gebäude in der Nähe gehabt zu haben. In der Oststeiermark ist man einem solchen aber besonders intensiv auf der Spur.

Zur Erklärung: Über dem beschaulichen Ort Anger, einer Marktgemeinde nahe der Bezirkshauptstadt Weiz, thront die Ruine einer Burg, deren Besitzer jahrhundertelang die Geschicke der gesamten Region lenkten. Die Burg Waxenegg hieß anno dazumal Wesseneck, wurde 1217 erstmals urkundlich erwähnt und war einst Landgerichtsstandort mit einem Einflussgebiet, das bis an die niederösterreichische Grenze reichte. Doch die Burg galt bereits im Jahr 1723 als praktisch unbewohnbar.

In Anger selbst wiederum steht das sogenannte Steinpaißhaus, das aus dem Jahr 1351 stammt. Dieses Freihaus war im Besitz von Adelsfamilien, etwa jener der Reichsfreiherrn von Gudenus, ehe es im Jahr 2000 von der Gemeinde gekauft wurde. Bei den Renovierungsarbeiten kam jedoch Mysteriöses ans Tageslicht: Es wurde eine Holztür entdeckt, hinter der sich ein Raum auftat, in dem sich allerlei neuzeitliche Fundstücke befanden – und ein Schacht, der in die Tiefe führte. Ein Feuerwehrmann, der sich in diesen Schacht abseilen ließ, berichtete von einem Stein, der ihn an eine Teufelsfratze erinnerte. Einen unterirdischen Gang, der zur Burgruine Waxenegg führte, fand er jedoch nicht.

Heute ist dieser Raum hinter der Holztür Teil des Museums »Das geheime Labyrinth« im Steinpaißhaus, es wird vom Verein »Mystische Unter- und Oberwelten der Region Anger« geleitet, dessen Obmann Erich Brandl in einem Zeitungsartikel 2021 zugab, die Hoffnung nicht aufzugeben. Nach wie vor geht man in Anger davon aus, dass es diesen unterirdischen Gang zwischen Ruine und Steinpaißhaus gibt. Nun wird im Umkreis der Ruine nach einem Zugang gesucht. Die Teufelsfratze wird »Teufelsstein« genannt und ist Teil der Dauerausstellung.

Adresse Museum im Steinpaißhaus, Hauptplatz 7, 8184 Anger, www.waxenegg.at | Anfahrt von Graz kommend über die B72, Museum direkt am Hauptplatz kurz vor der Waxeneggerstraße | Öffnungszeiten nach telefonischer Vereinbarung mit Vereinsobmann Erich Brandl, Tel. 0664/3554718 | Tipp In der Region gibt es zahlreiche Wanderwege, etwa auf den Heulantsch, einen rund 1.500 Meter hohen Berg.

5 Die Lössl-Uhr

Technische Meisterleistung aus dem 19. Jahrhundert

Eine Uhr, die nur durch die Schwankungen des Luftdrucks angetrieben wurde, praktisch ein Perpetuum mobile, das sorgte im ausgehenden 19. Jahrhundert für Staunen. Mehr noch, es war eine Weltsensation, denn soweit bekannt ist diese technische Meisterleistung bis dahin niemandem sonst auf dem Erdball gelungen.

Friedrich Ritter von Lössl (1817–1907) war eigentlich Eisenbahningenieur und Erfinder. Im Jahr 1880 stellte er diese Uhr, die man weder aufziehen noch durch elektrische oder sonstige Kraft antreiben musste, der Öffentlichkeit vor. Man musste sie auch nie nachstellen, sie funktionierte stets exakt und reibungslos – ein Phänomen, das auf dem natürlichen Wechsel von Temperatur und Luftdruck basierte. Eingeschlossen in einem gusseisernen Gehäuse, wurde das mehr als eineinhalb Tonnen schwere und sieben Meter hohe Gebilde an der Währinger Straße direkt an der Straßenbahnlinie in Wien aufgestellt. Lössl erwarb für seine sogenannte »autodynamische Uhr« am 28. Oktober 1880 das Patent.

Man geht heute davon aus, dass weltweit nicht mehr als 14 Uhren dieses Typs hergestellt wurden – sie standen in Großstädten wie Paris oder Hamburg –,denn Lössls Idee kam leider einige Jahre zu spät für einen größeren Siegeszug. Den verzeichnete zu jener Zeit nämlich die Elektrizität, die seiner Erfindung schließlich den Rang ablief. Nach 14 Jahren musste seine Wiener Uhr dann auch noch dem Bau des Straßenbahnviadukts weichen.

Ritter von Lössl, der damals oft in Bad Aussee weilte, schenkte die Uhr daraufhin seinem geliebten Sommerfrischeort, wo sie auf einem Marmorsockel an der Hauptstraße vor dem Gasthof »Weißes Rössl« heute ihren Platz hat, die einzige noch funktionierende Lössl-Uhr weltweit. Auch wenn das so nicht ganz stimmt, denn mittlerweile wird auch sie elektrisch angetrieben, da sie als Pendeluhr aufgrund der Erschütterungen des Straßenverkehrs nicht mehr funktionieren kann.

Adresse Weißes Rössl, Hauptstraße 156, 8990 Bad Aussee, Tel. 03622/52177 | Anfahrt A9 bis Liezen, B320 bis Stainach und auf der B145 direkt nach Bad Aussee, Uhr an der Ecke Parkgasse/Hauptstraße direkt gegenüber dem Gasthof | Tipp Ein echtes Wander-Highlight ist ein Ausflug auf den Loser. Als Belohnung wartet die Loser-Hütte.

6 Der Mercedes-Stern

Rund um den geografischen Mittelpunkt Österreichs

Am 23. April 2005 wurde der weltgrößte Mercedes-Stern im Rahmen der Landesausstellung als Österreichs Mittelpunkt präsentiert. Mit einem Durchmesser von 27 Metern bildet er eine Fußgängerbrücke über den Zusammenfluss der Traun-Quellflüsse Grundlseetraun und Altausseertraun im Kurpark von Bad Aussee. In unmittelbarer Nähe der Brücke wurde ein Aussichtsturm errichtet, um einen besseren Blick darauf zu haben. Dieser Stern wird mittlerweile als »Mittelpunkt Österreichs im Herzen von Europa« bezeichnet, der tatsächlich exakte geografische Mittelpunkt Österreichs ist jedoch durch einen Marmorstein markiert, der sich nur unweit des Sterns im Kurpark befindet. Bewacht wird dieser Stein von einer Statue Erzherzog Johanns, die gewissermaßen als das identitätsstiftende Herzstück der Steiermark gilt.

Begonnen hat die Suche nach dem Mittelpunkt Österreichs bereits 1949. Damals lud die »Große Österreich Illustrierte« zu einem Preisausschreiben ein und rief die Österreicher dazu auf, eine Methode zu finden, um den Mittelpunkt zu ermitteln. Als Hauptpreis winkte ein Gratisurlaub. Nach einem Gutachten der Universität Wien wurde bestätigt, dass Bad Aussee das Rennen machte, offiziell präsentiert wurde der Mittelpunkt mit einem Festakt am 24. September 1949 in Anwesenheit des damaligen Filmstars Maria Andergast.

Erst 40 Jahre später, 1989, wurde der Mittelpunkt-Stein in Bad Aussee als bleibendes Denkmal gesetzt, um die zentrale Rolle noch einmal zu bekräftigen. Auf dem Stein befindet sich eine Bronzescheibe, ein »Omphalos« (griechisch für »Nabel«). 1991 wurde Bad Aussee als Mittelpunkt Österreichs auch markenrechtlich geschützt.

Der geografische Mittelpunkt der Europäischen Union ist übrigens Gadheim im Landkreis Würzburg (Deutschland), jener des europäischen Kontinents liegt in Litauen, genauer gesagt in einem Waldstück nahe dem Europapark des Dorfes Purnuškės.

Adresse Kurhausplatz, 8990 Bad Aussee | Anfahrt auf der A9 bis Liezen, dann auf der B320 bis Stainach, von dort auf der B145 direkt nach Bad Aussee, Kurpark im Zentrum | Tipp Im Ausseerland bietet sich ein Besuch des geheimnisumwobenen Toplitzsees an.

7 Die 1.000-jährige Eiche

Ein Baum, der viel erlebt hat

In der Südoststeiermark existiert ein Naturdenkmal, das nicht nur die gesamte Region stolz macht. Jeder Besucher wird hier im Angesicht dieses Riesen unweigerlich von Ehrfurcht erfasst. Es handelt sich um einen mächtigen Baum, der in einer Ebene steht und von den Einheimischen »dicke Oachn« genannt wird. Diese Eiche soll, so sagt man, die älteste in ganz Mitteleuropa sein. Sie thront im Blumauer Ortsteil Bierbaum an der Safen mit einer Höhe von 30 Metern und einem Stammdurchmesser von 2,50 Metern. Bei einem Umfang von 8,75 Metern braucht es sieben Erwachsene, um den Baumstamm zu umfassen. Der Kronendurchmesser beträgt sage und schreibe 50 Meter.

Kein Wunder, dass dieser Baum weithin als Kraftort gilt. Eine kleine Raststelle samt Tisch und Bänken ziert die Umgebung, denn dass dieser Ort eine Sehenswürdigkeit ist, ist ohnehin klar.

Dabei war der Baum eigentlich bereits zum Sterben verurteilt. In den 1970er Jahren traf ihn ein Blitz, und er wurde zum Schutz mit Beton ausgegossen. Die fatale Wirkung war jedoch, dass das majestätische Naturschauspiel langsam einzugehen drohte. Das Wasser konnte nicht mehr abfließen, und der mächtige Baum verfaulte. Es ist dem Baumchirurgen Manfred Saller zu verdanken, dass er heute noch lebt, denn im Jahr 1989 gelang dem Baumexperten die Revitalisierung, indem er Rohre zum Abfließen des Wassers einsetzte und das bereits verfaulte Holz entfernte. Tatsächlich erholte sich der Riese daraufhin. Möglich wurde die Baumrettung übrigens durch eine Spende von Heidi Horten (1941–2022), einer Kärntner Milliardärin und Kunstsammlerin.

Die Eiche hat bislang ganze 50 Menschengenerationen überlebt – und sie sieht prächtiger aus denn je. Übrigens: Als ähnlich alt werden in Europa nur die Granit-Eiche in Bulgarien und die Kongeegen in Dänemark eingestuft. Von letzterer heißt es, dass sie sogar 2.000 Jahre alt sein könnte.

Adresse Eichenweg 44, 8283 Bad Blumau | Anfahrt von der A2 bei Ilz auf die Fürstenfelder Straße (B319), ab Großwilfersdorf weiter auf der L439 und der L401 bis Bierbaum an der Safen; auch über den Bad Blumauer Rundwanderweg 3 beziehungsweise über den Fahrradweg FF8 gut zu erreichen | Tipp Die Region eignet sich hervorragend für Fahrradtouren, etwa zur Schiffsmühle Mureck.

8 Die Veste Alt-Gleichenberg

Die verschwundene Burg

Im Naturschutzgebiet beim Steinbruch »Klausen« stand einst die Burg Alt-Gleichenberg, von der heute an Ort und Stelle nur noch wenig zu sehen ist. Die Geschichte ihres Untergangs sei hier dennoch kurz erwähnt, denn womöglich spürt der eine oder andere an diesem Kraftort noch ein wenig vom Hauch der Vergangenheit.

Wir befinden uns in den Anfangsjahren der Steiermark. Im Stift Rein bei Graz treffen sich am 19. September 1276 17 steirische Adelige, um ein Dokument zu unterzeichnen. Darin schwören sie dem römisch-deutschen König Rudolf I. (1218–1291) von Habsburg die Treue und wenden sich vom böhmischen König Přemysl Ottokar II. (1232–1278) ab. Unter den Unterzeichnern dieses »Reiner Schwurs« war auch ein gewisser Herrand von Wildon (1230–1278).

Dieser Herrand ist der Nachwelt vor allem als Minnesänger bekannt, er stammte aus einer Familie, der nicht nur die Riegersburg gehörte, sondern auch die Burg Alt-Gleichenberg, die im eingangs erwähnten heutigen Naturschutzgebiet lag. Herrand kämpfte zwar 1260 in der Schlacht bei Kressenbrunn noch für Ottokar II. gegen die Ungarn. Diese Schlacht machte den Böhmenkönig zum Herzog der Steiermark. Doch auch mit Ottokar hatte Herrand so seine Probleme, und er wurde als »Missvergnügter« denunziert. Ihm wurde Verrat vorgeworfen, er bekam 1268 ein Burgenbauverbot und musste 26 Wochen im Kerker fristen. Während dieser Zeit wurden ihm auch noch all seine bisherigen Burgen abgenommen und das legendäre Alt-Gleichenberg dem Erdboden gleichgemacht. Eine Tat, die Herrand nie vergessen sollte. So kam es, dass er später den »Reiner Schwur« unterzeichnete, der das Ende des böhmischen Königs einleitete.

Im Jahr 1312 wurde von den Herren von Walsee die Burg Neu-Gleichenberg in Sichtweite der Ruinen der alten Burg errichtet. Auch von ihr existieren heute nur noch Ruinen, doch Herrands Schicksal bleibt unvergessen.

Adresse Eichgrabenweg, 8344 Bad Gleichenberg; Infos beim Gemeindeamt unter Tel. 03159/23420 | **Anfahrt** auf der A2 bis Gleisdorf, von dort via B68 und B66 nach Bad Gleichenberg, einstiger Standort der Burg am Gleichenberger Kogel links vom Steinbruch | **Tipp** Der Kogelrundwanderweg führt auch entlang des Naturschutzgebiets beim Steinbruch »Klausen« am Gleichenberger Kogel. In diesem außergewöhnlichen Areal befinden sich Traubeneichenwälder und Trockenrasengebiete, die sonst nur noch am Kapfensteiner Kogel vorkommen.

9 Der Grimming

Der Berg und seine Sagen und Legenden

Seinem Anblick kann man sich kaum entziehen, weshalb es sich für jene, die das erste Mal durchs Ennstal fahren, empfiehlt, in der Nähe haltzumachen und den Berg in aller Ruhe zu betrachten. Am Knotenpunkt beim Schloss Trautenfels und der Abzweigung ins Ausseerland ragt ein Mugel in die Höhe, der 1286 »Grimei« genannt wurde – vom slowenischen Wort *grmeti*, das auf Deutsch donnern, tosen oder dröhnen bedeutet.

Am Gipfel waren die Einheimischen vor Hunderten von Jahren schon, hochoffiziell gelang die Besteigung aber Oberleutnant Carl Baron Simbschen im Jahr 1822 zum ersten Mal. Er errichtete ein Vermessungszeichen und einen kleinen Unterstand am Gipfel. Heute gibt es nur eine bewirtschaftete Hütte, die Grimminghütte. Nördlich des Gipfels existiert seit 1949 außerdem eine Biwakschachtel, die mit einem Nottelefon ausgestattet ist.

Kurios ist, dass 2011 ein Puch-Moped auf den Gipfel gezerrt wurde – in seinen Einzelteilen. Oben wurde es zusammengeschraubt und gestartet. 2018 gab die Musikkapelle Bad Mitterndorf am Gipfel ein Konzert für 500 Zuhörer und Zuhörerinnen – einige wurden mit dem Hubschrauber hochgeflogen.

Zu den bedeutendsten Sagen rund um den Berg zählt »Das vergessene Kind im Grimmingtor«. Am Peter-und-Pauls-Tag stieg eine Mutter mit ihrem Kind empor, wartete auf den Glockenschlag der Irdninger Kirche, und sogleich öffnete sich der Felsen beim Grimmingtor. Die Mutter stürzte hinein, raffte Gold an sich und lief wieder hinaus. Als sie sich umdrehte, ging das Tor zu und schloss das Kind ein. Alles Flehen nutzte nichts. Der Grimming hatte das Kind »verschluckt«. Im nächsten Jahr kehrte die Mutter am gleichen Tag zurück, das Tor öffnete sich, und das Kind war unversehrt. Die Mutter nahm es, hatte kein Auge mehr fürs Gold und lief hinaus. Dieser Berg wusste schon seit jeher die Menschen zu beeindrucken.

Adresse Grimming, Tauplitz 70, 8982 Bad Mitterndorf | Anfahrt von der Ennstal-Bundesstraße (B320) nicht zu übersehen; schwierige Bergtour zum Gipfel, gängigste Route entlang der Markierung 683 über Klachau/Kulm | Tipp Das Schloss Trautenfels ist in Besitz des Universalmuseums Joanneum und beherbergt selbst ein beeindruckendes Museum. Vom »Steirischen Kripperl« Pürgg bietet sich ebenfalls ein wunderbarer Blick auf den Grimming.

10 Die Stadtmauer

1418 – die erfundene Türkenschlacht

Der alte Stadtgraben, die einstigen Bastionen am Ende der Langgasse, die Reste der Befestigungsanlagen – das alles verleiht Bad Radkersburg heute ein ausgesprochen anziehendes Flair. Doch was steckt dahinter, warum diese massiven Verteidigungsanlagen? Geschichte ist oft ein Mysterium. Die Quellenlage kann so dürftig und verwirrend sein, dass sich manches nicht eindeutig festmachen lässt. Hartnäckig hielt sich etwa die Behauptung, im Jahr 1418 habe es eine Türkenschlacht vor den Toren von Radkersburg gegeben.

Es war Hieronymus Megiser (1557–1619), der – obwohl er 100 Jahre später lebte – die Schlacht nicht nur auf 1418 datierte, sondern sie auch detailgenau schilderte. So berichtete er, dass 20.000 Türken Radkersburg belagert hätten. Herzog Ernsts Entsatzheer, das zu Hilfe eilte, soll rund 17.000 Mann stark gewesen sein. Angeblich seien bei der Schlacht fast alle Türken und etwa 2.000 österreichische Krieger getötet worden. Später erzählte man sich, auch Radkersburger Bürgersfrauen hätten an der Stadtmauer gekämpft.

Dennoch gibt es seit dem 18. Jahrhundert Zweifel an dieser Geschichte, und obwohl mit dem Orientalisten Joseph von Hammer-Purgstall (1774–1856) eine prominente Stimme Megisers Behauptungen übernommen hatte, galt die »Schlacht von Radkersburg« schon damals als Sage beziehungsweise bewusste Geschichtsfälschung. Denn man ging davon aus, dass es sich bei der Schlacht bestenfalls um eine Auseinandersetzung mit den Ungarn gehandelt hatte, die im Mittelalter eine viel unmittelbarere Bedrohung für die Steiermark darstellten. Da aber Österreich im 16. Jahrhundert gemeinsam mit Ungarn eine Phalanx gegen die osmanischen Heere bildete, dürfte Megiser wohl im Auftrag lokaler Fürsten dazu beigetragen haben, das Türkenbild zu verfälschen und einen Heldenmythos zu schaffen. An der Stadtmauer zu stehen und sich vorzustellen, sie zu stürmen, lässt einen auch heute noch erschaudern.

Adresse Hauptplatz 1, 8490 Bad Radkersburg | **Anfahrt** auf der A9 bis zur Ausfahrt 226, von dort auf der B69, der Südsteirischen Grenzstraße, bis Bad Radkersburg | **Tipp** Nutzen Sie die Gelegenheit für einen Besuch des Nachbarortes Gornja Radgona, der bereits in Slowenien liegt.

11 Die Barbarakirche

Die seltsamste Kirche im ganzen Land

Es gibt die Anekdote, dass der Künstler Friedensreich Hundertwasser (1928–2000) einen Tobsuchtsanfall bekommen haben soll, als ein Bauarbeiter einen rechten Winkel vermessen wollte. Kein Wunder, denn die 1987/88 von ihm zum Kunstwerk umgestaltete Barbarakirche von Bärnbach ist heute weithin bekannt als buntes Bauwerk, dessen Ecken und Kanten abgerundet sind. Vier Uhren zieren das Gotteshaus, das von zwölf Toren, die verschiedenen Religionen gewidmet sind, umgeben ist. Am markantesten sind die sechs Kugeln am Dach der Kirche, die 2016 neu vergoldet wurden. Diese wurden einst von Hundertwasser selbst bezahlt.

Die St.-Barbara-Kirche in Bärnbach wurde 1950 nach Plänen des Architekten Karl Lebwohl erbaut. In der Bevölkerung war der Bau nicht unumstritten, doch die Bergleute und die Arbeiter der nahen Glasfabrik sowie die Katholische Jugend setzten sich sehr dafür ein. 1951 wurde Bärnbach schließlich eine eigene Pfarre, 1955 wurde die Orgel eingebaut.

1979 beschloss der Bärnbacher Gemeinderat dann die Generalsanierung. Zwar waren es Pfarrer Friedrich Zeck und der Briefmarkenstecher Wolfgang Seidl, die 1984 mit dem international bekannten Friedensreich Hundertwasser in Kontakt traten, Teile des Pfarrgemeinderats waren jedoch gegen ein Engagement des exaltierten Wieners. Drei Jahre später präsentierte Hundertwasser sein Modell für die Neugestaltung, und dieses wurde dann auch weitgehend umgesetzt. Am 12. Oktober 1987 begann der Umbau unter Mitwirkung des Architekten Manfred Fuchsbichler, 1988 war er abgeschlossen. Die Kirche wurde rasch zur touristischen Sensation des gesamten Bezirks – und ist es bis heute.

Hundertwasser ist unter anderem auch für seine Bauwerke in Wien, etwa die Müllverbrennungsanlage Spittelau, das Kunst Haus Wien oder das Hundertwasserhaus, sowie – wieder steirisch – das Hügelwiesenland in Blumau bekannt.

Adresse Kirchengasse 1, 8572 Bärnbach, Tel. 03142/62581 | **Anfahrt** auf der Südautobahn bis Mooskirchen, dann weiter auf der B70 bis Rosental an der Kainach, von dort auf der L347 ins Ortszentrum | **Tipp** Ganz in der Nähe der Kirche befindet sich auch der von Professor Ernst Fuchs gestaltete Mosesbrunnen. Er besteht aus 144.000 Glasmosaikteilen und 420.000 Kieselsteinen, ein vergoldeter Moses gibt dem Brunnen seinen Namen.

12 Der Galgenwald

Ein wahrlich schauriger Ausflugsort am Waldesrand

Einst ragten sie zwischen dem Gebüsch des Waldes hervor und waren stets der Schreck von Kindern. Diesem Ort wohnte die Aura des Unheimlichen inne, und so hat ihn auch der Autor dieses Buches zum Tatort eines seiner Krimis gemacht, der »Grazer Hexenjagd« (Emons 2023). Die Rede ist von drei Steinsäulen, die ihren Ursprung im 17. Jahrhundert haben. Mittlerweile wurde die Fläche um die emporragenden Bruchsteinquader gerodet, sie ist ein beliebter Aussichtspunkt und eine Sehenswürdigkeit in Birkfeld. Es handelt sich allerdings um eine recht makabre Schönheit, die so anmutig zum Innehalten verleitet. Denn diese dreieckige Anordnung der Säulen markierte eine Richtstätte, nach der auch der Galgenwald benannt ist.

Die Säulen sind heute noch sichtbares Zeichen des Landgerichts Birkenfeld, das als Teil des Landgerichts Wachseneck bereits seit dem 13. Jahrhundert bestand. Im Jahr 1330 wurde in Birkenfeld durch Herzog Albrecht auch die Halsgerichtsbarkeit bestätigt. Da der Ort ein Kreuzungspunkt verschiedener Handelswege war, gab es hier stets viel fahrendes Volk und Händler, und das Fremde sorgt bekanntermaßen oft für Zweifel. Und wo Zweifel ist, ist Argwohn, und sollte sich ein Unwetter mit dem Besuch eines Fremden zeitlich überschnitten haben, so konnte es durchaus vorkommen, dass im Galgenwald bald darauf eine Hinrichtung stattfand. So manche Sage in Birkfeld dreht sich um diesen Umstand.

1571 wurde die Herrschaft Birkenfeld übrigens eigenständiges Landgericht, dessen Bezirk sich vom Ort Birkfeld über Ratten bis zum Stuhleck erstreckte.

Die Richtstätte befindet sich in direkter Sichtlinie zur Birkfelder Kirche, exakt 575 Meter Luftlinie entfernt. Direkt am Galgen führt heute ein beliebter Wanderweg vorbei. Im Jahr 2020 hat die Landjugend im Rahmen des Projekts »Tat.Ort Jugend« auch schöne Liegebänke zum Entspannen aufgestellt. Wie sich die Zeiten ändern.

Adresse Galgenwaldweg, 8190 Birkfeld; Koordinaten des Galgens: 47.35960904168645, 15.693929897432767 | Anfahrt über die B72 via Weiz und Anger, durch Birkfeld Richtung Fischbach, unmittelbar nach der Abzweigung Edelsee rechts schmaler Weg in den Wald, hier parken und diesem bis zum Galgen folgen | Tipp Auf dem Weg von Anger nach Birkfeld befindet sich in Koglhof eine Sommerrodelbahn samt Gaststätte. Sie ist ein beliebtes Ausflugsziel.

13 Die Minoritenkirche

Ruhestätte des Minnesängers und Landeshauptmanns

Im Jahr 2023 jährte sich der Todestag eines steirischen Mittelalter-Stars zum 600. Mal. Hugo von Montfort (1357–1423) galt als getreuer Gefolgsmann der Habsburger und war deshalb von 1413 bis 1415 auch Landeshauptmann der Steiermark.

So richtig berühmt ist er heute aber als Minnesänger, wobei die moderne Forschung ihn eher als Dichter sieht. Montfort wurde 1357 in Vorarlberg geboren, heiratete mit 16 Jahren Margarethe von Pfannberg und begründetet somit die steirische Linie der Adelsfamilie. Auf dem Bildnis »Pfannberger Marienkrönung«, welches ihn an der Seite seiner dritten Frau Anna von Neuhaus zeigt, sind seine Gesichtszüge abgebildet, was ihn zum ältesten deutschsprachigen Dichter macht, dessen Mimik authentisch überliefert ist. Montfort lebte fortan auch auf Burg Pfannberg in der heutigen Gemeinde Frohnleiten. Dieses mittlerweile längst verfallene Anwesen war einst eines der größten des gesamten Murtales.

Zu seinen bedeutendsten Schriften zählt seine Prachthandschrift mit gereimten Briefen, Reden und Liedern, die um 1414 entstanden sein dürfte. Sie ist heute in der Universitätsbibliothek Heidelberg zu sehen. Zu Montfort gibt es in Frohnleiten immer wieder Ausstellungen und Kunstprojekte. Bruck an der Mur widmet ihm einen Literaturpfad, der bei der Minoritenkirche – der Klosterkirche »Heilige Maria im Walde« – beginnt, dort, wo der Graf auch seine letzte Ruhestätte fand. Weitere Sehenswürdigkeiten der Kirche sind übrigens eine Holzschnittarbeit aus der Barockzeit (»Flucht aus Ägypten«), ein Fresko aus dem Jahr 1400, das den heiligen Achatius und die 10.000 Märtyrer auf dem Berg Ararat darstellt, das Fresko »Mariä Verkündigung« aus dem Jahr 1380 sowie eine gotische Muttergottes beim Hochaltaraufbau aus dem Jahr 1460. Unter diesem Hochaltar befindet sich auch Montforts letzte Ruhestätte, die allerdings nicht zugänglich ist.

Adresse Kirchplatz 1, 8600 Bruck an der Mur | Anfahrt Kirche direkt im Zentrum von Bruck | Tipp Das Kornmesserhaus am Koloman-Wallisch-Platz ist das Wahrzeichen der Stadt.

14 Das Schloss Waldstein

Der Überlebenskampf des Pfarrers Paulus Odontius

1598 wurden jene Mandate veröffentlicht, durch die alle evangelischen Kirchen und Schulen im Land geschlossen werden mussten. Prediger und Lehrer sollten bei Todesstrafe binnen acht Tagen das Land verlassen. Erzherzog Ferdinand (1578–1637), der spätere Kaiser Ferdinand II., wollte die Steiermark mit aller Macht rekatholisieren.

Von 1599 bis 1604 zog eine Religionskommission durchs Land, um sämtliche Bewohner katholisch zu machen. An den Straßen wurden Galgen für Verweigerer errichtet, evangelische Kirchen und Friedhöfe wurden verwüstet, Bücher verbrannt, Prediger vertrieben. Zahlreiche Adelsfamilien flüchteten oder wurden zwangskatholisiert, darunter die Herbersteins, Sauraus, Trauttmansdorffs oder Windisch-Grätz.

Mitten in dieser Schreckenszeit wirkte auch der evangelische Prediger Paulus Odontius. Im März 1595 kam er von Sachsen nach Graz, übernahm die Erziehung der Freiherren Maximilian und Johann Andreas von Trauttmannsdorff und des Johann Nicolaus Popel von Lobkowitz. Außerdem wurde er zum Schlossprediger berufen. Als er sich weigerte, das Land zu verlassen, erschien am 20. April 1602 ein Trupp Soldaten vor Waldstein. Odontius wurde nach Graz geschleppt, und weil er vor einem Stadtgericht seinem Glauben nicht abschwören wollte, verurteilte man ihn zum Galeerendienst – was praktisch einem Todesurteil gleichkam.

Er wurde von Soldaten in Richtung Küste eskortiert. Am 5. August 1602 kam der Zug in eine kleine Stadt im heutigen Slowenien. Hier wurde er in einem Stall untergebracht. Darin befand sich an der Rückwand eine offen stehende Tür. Nachts schlüpfte er hindurch. Odontius lief in den Wald – und rannte immer weiter. Er floh über Ungarn und Mähren zurück in seine Heimat Sachsen. Im April 1603 wurde er Pfarrer zu Oederan in Sachsen, starb aber schon am 7. Dezember 1605. Noch heute heißt es, er sei durch gedungene Meuchelmörder getötet worden.

Adresse Waldstein 27, 8122 Waldstein | Anfahrt über die Übelbacherstraße zwischen Deutschfeistritz und Übelbach | Öffnungszeiten nur von außen zu besichtigen, im Besitz der Familienstiftung Prinz Heinrich Karl von Liechtenstein | Tipp Der Kalvarienberg von Deutschfeistritz wurde vor einigen Jahren restauriert. Ein kontemplativer Spazierweg, der zu empfehlen ist.

15 Die Burg Deutschlandsberg

Hier malte der Künstler Jakob Wibmer

Dass sich der Osttiroler Maler Jakob Wibmer (1814–1881) einst in der Südoststeiermark niederließ, hatte zwei Gründe. Der eine hieß Johann Frizberg. Dieser war ab 1835 Brauhausverweser der Liechtenstein'schen Brauerei in Deutschlandsberg. Der zweite war eine junge Frau. Aber der Reihe nach.

Wibmer, der an der Akademie für Bildende Künste in Wien studiert hatte, wollte zurück nach Matrei. Ganz so einfach war das jedoch nicht, vor allem für einen nahezu mittellosen Maler. Über einen Verwandten kam er zunächst nach Deutschlandsberg und lernte besagten Johann Frizberg kennen. Frizberg gewährte ihm Unterkunft im Winzerhaus der Familie in Burgegg und schanzte ihm immer wieder Aufträge zu. 1861 heiratete Wibmer als 46-Jähriger die 26-jährige Dienstmagd Maria Sturm aus Stainz. Zu dieser Zeit verdiente er nicht schlecht, hatte sich vor allem auf die damals gut verkaufbaren Bilder steirischer Obstkörbe spezialisiert. Außerdem hatte es Frizberg mittlerweile nicht nur zum Bürgermeister gebracht und das Brauhaus gekauft, er war auch in den Sparkassenausschuss gewählt worden, ehe er 1875 verstarb.

Und Wibmer? Er überlebte seinen Mäzen zwar um sechs Jahre, geriet aber weitgehend in Vergessenheit. Bis der Grazer Chemiker Horst Biemann Anfang der 2000er Jahre auf ein Gemälde stieß, das einen Obstkorb darstellte und ihn zutiefst beeindruckte. Biemann fand die biografischen Daten des Malers heraus, etwa dass er 1814 zwar als Spross einer Brauereifamilie aufwuchs, sein Geburtsort Windisch-Matrei, das heutige Matrei in Osttirol, damals jedoch ärmlich und nahezu abgeschnitten vom Rest der Welt war. Oder dass sich Wibmer mühsam nach Salzburg durchschlug und ab 1835 in Wien studierte. Der Rest ist Geschichte.

2014 wurde in der Burg Deutschlandsberg eine Retrospektive gezeigt, die für großes Medienecho sorgte. Und Horst Biemann verewigte Wibmers Leben in einer Monografie.

Adresse Burgplatz 1, 8530 Deutschlandsberg | Anfahrt auf der A9 oder der B76 nach Deutschlandsberg, Burg nicht zu übersehen | Öffnungszeiten Di–So sowie Feiertage 10–18 Uhr | Tipp Auf dem Weg nach Deutschlandsberg befindet sich Stainz. Hier sollte man dem Jagdmuseum einen Besuch abstatten.

16 Das Mustergut

Amerikanische Geschichte in der Steiermark

George Washington wurde in Pöls geboren und verstarb in Graz. Allerdings ist damit nicht der erste US-Präsident (1732–1799) gemeint, denn der Washington, von dem hier die Rede ist, lebte von 1856 bis 1929, also mehr als 100 Jahre später. Und doch handelt es sich um einen – entfernten – Verwandten.

Zum Mitschreiben: Das Schloss Pöls besteht seit dem 13. Jahrhundert, im 19. Jahrhundert kaufte es Friederike Washington aus ihrer Mitgift. Sie heiratete Maximilian Emanuel von Washington, dessen Großvater Jakob mit der niederländischen Familie Washington verwandt war. Friederike war überdies eine Schwester von Königin Amalie von Griechenland, die wiederum mit Otto I., einem Wittelsbacher, verheiratet war. Friederike war auch eine Cousine von Kaiser Franz Joseph I. von Österreich. Und die Urgroßmutter des britischen Königs Charles war eine Cousine dritten Grades. Alles klar?

Aus dem Betrieb in Pöls machten Friederike und Maximilian ein landwirtschaftliches Mustergut, erhielten dafür sogar Medaillen bei der Weltausstellung in Paris. Die Tatsache, dass Franz Joseph I. bei seiner Krönung zum ungarischen König auf einem Hengst aus dem Pölser Gestüt ritt, zeigt das enge Verhältnis zum österreichischen Kaiserhaus. Washington war Präsident der steirischen Landwirtschaftskammer und gab dem Kaiser 1887 eine Führung durch die Champagnerkellerei Kleinoscheg.

Ihren Sohn nannten Friederike und Maximilian schließlich George. Dieser George war Baron und Offizier eines kaiserlichen Ulanenregiments. Da er kinderlos blieb, wollte er sein Vermögen der amerikanischen Linie vermachen, die nach dem Weltkrieg davon aber nichts mehr wissen wollte. So überschrieb er seinen Besitz an seine zweite Frau Maria Kreuzig und an eine uneheliche Tochter aus einer Liaison mit einer Bediensteten. Die adelige Nebenlinie der Washingtons erlosch mit Georges Ableben.

Adresse Schloßleitenweg, 8504 Pöls an der Wieserbahn/Dobl-Zwaring | Anfahrt über die Premstättner Straße zu erreichen; alternativ Bus 691 von Graz | Öffnungszeiten Schloss nicht zugänglich, da in Privatbesitz | Tipp In Dobl befindet sich der Sendemast der einstigen Sendeanlage Alpenland sowie des Radiosenders Antenne Steiermark. Besuche sind nach Vereinbarung möglich (Tel. 0664/4005124).

17__Die Grenze

Eine Straße, die die Seiten und Sprache wechselt

Am 15. Oktober 1955 wurde die 25 Kilometer lange Südsteirische Weinstraße eröffnet. Bis dahin war sie ein geschotterter Weg, der mit Ochsenkarren befahren wurde. Nicht jeder hatte einen Zugang zur Straße, Tourismus gab es keinen, die meisten Bauern waren Selbstversorger und Kleinkeuschler. Heute zählt die Weinstraße zu den größten Attraktionen in ganz Österreich. Im Herbst und Frühling tuckern Autokolonnen durch Hügel und Täler. Die Buschenschänken und Fremdenzimmer sind voll, die Gemeinden entlang dieser Grenzstraße zu Slowenien Inbegriff des Mottos »Genuss«.

Schauen wir aber noch einmal zurück, diesmal ins Jahr 1919. Nach dem Friedensvertrag von Saint-Germain wurde die Grenze in der Region brutal gezogen und verlief teilweise mitten durch Bauernhöfe. In den Jahren danach kam es zu Benachteiligungen der sprachlichen Minderheiten in beiden Ländern. Die Nazis legten die Grenze 1941 wieder wie vor 1919 fest, alle, die nicht mit den Deutschen kollaborierten, wurden verfolgt, deportiert oder umgebracht. Nach Kriegsende folgte die Revanche, die Grenze verlief wieder so wie vor dem Zweiten Weltkrieg, diesmal war sie zudem Teil des »Eisernen Vorhangs«, da Jugoslawien als europäischer Ostblock galt.

Und dann kamen die 1950er Jahre. Die britische Besatzungszone in der Steiermark neigte sich dem Ende zu, und es ist einer Frau zu verdanken, dass aus dem Schotterweg eine Straße wurde, die in der Folge Tausende Urlaubsgäste in die Region bringen sollte. Emmy Bullmann, die Frau eines Grazer Baumeisters, war eine der wenigen, die ein Auto hatten. Sie trieb das Vorhaben, die Weinstraße zu verbessern, voran. Angeblich sollen die Verhandlungen über die Grenzziehungen in den 1950er Jahren sogar in ihrem Haus in Ratsch an der Weinstraße geführt worden sein. Der Grundstein für den Erfolg war durch ihr Engagement jedenfalls gelegt, und die Magie der Region verzauberte bald das ganze Land.

Adresse Marktplatz 2, 8461 Ehrenhausen an der Weinstraße, Tel. 03453/2507; Koordinaten des Grenztischs an der Südsteirischen Weinstraße (Aussichtspunkt): 46.66933216261302, 15.543694667551723 | **Anfahrt** die A9 (Pyhrnautobahn) bei der Ausfahrt 222/Vogau-Straß verlassen und auf der L208a Richtung Ehrenhausen fahren, den Ort durchqueren, auf der B69 bleiben, geht direkt in die Weinstraße über | **Tipp** Leibnitz hat einen netten Hauptplatz, der im Sommer mit Gastgärten zum Verweilen einlädt.

18 Das Mausoleum

Ein Grabdenkmal für Ruprecht von Eggenberg

Zwei gigantische neun Meter hohe antike Krieger wachen mit Löwenfell bekleidet und mit Keulen gerüstet an der Talseite des Grabmals. An den Sockeln erzählt eine Galeere von der Seeschlacht von Lepanto, Götterboten tragen »türkische« Kopfbedeckungen. Diese Grabstätte deutet auf einen Feldherrn hin, der während der Zeit der Türkenkriege kämpfte.

Ruprecht von Eggenberg (1546–1611) ging mit der gewonnenen Schlacht von Sissek 1593 tatsächlich in die Annalen der heimischen Kriegsgeschichte ein. 1594 wurde ihm das Kommando über die habsburgischen Truppen an der kroatischen Militärgrenze übertragen, und 1595 eroberte er dann auch noch die türkische Festung Petrinia. Ruprecht brachte es zum General-Obrist-Feldzeugmeister und wurde mitsamt seiner Familie in den Freiherrenstand erhoben.

Testamentarisch legte er fest, in Ehrenhausen beigesetzt zu werden – außerdem alle männlichen Nachkommen seiner Familie, sofern sie Offiziere im Generals- oder Obristenrang waren. Bereits ein Jahr vor seinem Tod wurde mit dem Bau des Mausoleums begonnen, doch da auch sein Neffe und Erbe Wolf von Eggenberg (1580–1615) sehr früh verstarb, geriet der Bau ins Stocken.

Mit den Jahren hatte die Grazer Linie der Eggenberger den Besitz übernommen, sie bewirkte die Fertigstellung des Mausoleums und konnte Ruprechts und Wolfs Leichname am 19. April 1693 offiziell überstellen. 1915 ließ sich auch Theodor Kohn, der ehemalige Fürsterzbischof und ebenfalls Besitzer des Anwesens, dort bestatten. Während das Mausoleum heute dem Land Steiermark gehört, befindet sich das benachbarte Schloss Ehrenhausen in Privatbesitz. Das Grabdenkmal zählt neben dem Mausoleum für Erzherzog Karl II. in der Basilika Seckau sowie dem Mausoleum für Kaiser Ferdinand II. in Graz zu den drei bedeutsamsten Mausoleen aus dem Zeitalter der Gegenreformation in der Steiermark.

Adresse Mausoleum Ehrenhausen, Schloßweg 1, 8461 Ehrenhausen | Anfahrt die A9 (Pyhrnautobahn) bei der Ausfahrt 222/Vogau-Straß verlassen und auf der L208a Richtung Ehrenhausen fahren; alternativ mit der S5 von Graz | Öffnungszeiten von außen frei zugänglich, Führungen nach Anfrage unter Tel. 0664/4299693 oder Tel. 03454/7070 | Tipp In Ehrenhausen beginnt die Südsteirische Weinstraße, der man unbedingt einen kulinarischen Besuch abstatten sollte.

19 Die »Erzberg Teufln«

Zu Besuch beim Maskenschnitzer

Rund um den 5. Dezember treten hierzulande häufig schaurige Gestalten auf. Sie sind die wahren Stars der Vorweihnachtszeit, haben dem Nikolaus längst den Rang abgelaufen und lösen eine uralte Angst aus. Einen Schauder, dem sich Abertausende Besucher freiwillig unterziehen: Der Krampus geht um.

Häufiger Kritikpunkt an dem Treiben ist, dass die urtümlichen Krampusläufe in Österreich alljährlich von Perchten und sogar von an wilde Kreaturen aus Fantasyfilmen erinnernden Fratzen unterwandert werden – eine Entwicklung, der immer mehr Krampusvereine Einhalt gebieten wollen. Einer davon ist ein Pass (Verein) aus Eisenerz, die »Erzberg Teufln«.

Tatsächlich zeichnet die Eisenerzer Teufel eine Eigenheit aus: Die Kreationen des Maskenschnitzers Patrick Fürholzer sind Unikate, geschnitzte Handarbeit. Fürholzer, der den Verein gemeinsam mit seinem Vater Wolfgang im Jahr 2000 gründete, fertigt die Masken aus Zirbenholz an. Sie werden mit Acrylfarben bemalt. Inklusive Feinarbeiten benötigt er rund 40 Stunden für eine Fratze, pro Jahr fertigt er etwa 15 davon an.

Die Hörner von Geißen, Schafen oder Steinböcken machen aus den Masken schließlich Kunstwerke, die auch immer höhere Preise erzielen. Ein Umstand, der Fürholzer aber befremdet, ist der Trend, dass immer mehr Kinder Krampusmasken tragen. »Der Krampus ist jemand, der Kinder maßregelt. Eine uralte Legende. Er sollte kein Trend werden, sondern Tradition bleiben«, sagt er.

Und weil Fürholzer auf Tradition Wert legt, kann er auch den modernen Umzügen und Pyrotechnik-Auftritten nichts abgewinnen. Die Erzberg Teufln treten deshalb sehr traditionell auf. Ganz ohne Livemusik, Glühwein-Standln und Feuershows. Dafür als zottelige Kreaturen mit Kuhglocken. In einer stillen, raureifen Nacht reicht das völlig, um eine uralte Angst heraufzubeschwören.

Adresse Vereinsheim am Bahnhof, Bahnhofstraße 3, 8790 Eisenerz, Tel. 0664/75027597, www.erzbergteufeln.jimdofree.com | Anfahrt auf der A9 bis zur Ausfahrt 129/Traboch, dann weiter auf der B115 nach Eisenerz; alternativ Bus 820 von Leoben | Öffnungszeiten am 5. Dez. bei Sonnenuntergang am Eisenerzer Bahnhof, manchmal auch in umliegenden Ortschaften; Termine siehe Website | Tipp Das Museum im Alten Rathaus am Bergmannsplatz bietet eine Zeitreise ins 16. Jahrhundert.

20 Der Leopoldsteiner See

Heimat eines Sagenwesens

Sie hatten ihn gefangen genommen und gequält. Es gab für den Wassermann kaum Hoffnung, jemals wieder lebend der Falle der Jäger zu entkommen. Da griff er zum letzten Mittel: Er verriet ihnen ein Geheimnis, das die Gier seiner Peiniger entfachen sollte. Der Wassermann zeigte mit dem Finger auf einen nahen Berg und versprach, dass sie dort Erz finden würden, so viel, dass es sie reich machen würde. Die darauffolgende Aufregung nutzte der Wassermann. Er floh, tauchte ab in die undurchsichtigen Tiefen des Sees und ward nie mehr gesehen. Diese Sage erklärt den Namen Erzberg, und sie könnte auch der Grund dafür sein, dass der Leopoldsteiner See bis heute so unberührt geblieben ist.

In Wahrheit ist er es aber, weil die Eisenerzer diesen See schützen wie ihren Augapfel. Rund vier Kilometer nordwestlich der Stadt liegt er eingebettet in die Hochschwabgruppe, er wird durch unterirdische Quellen mit klarem und reinem Wasser gespeist, seine Ufer sind unverbaut, nur ein beschaulicher, aber auch extrem gut besuchter Wanderweg führt rundherum.

Seinen Namen hat der See vom Schloss Leopoldstein, das sich ganz in der Nähe – im Münichtal – befindet. Es war ein gewisser Leopold Freiherr von Neidthardt, der im Jahr 1666 die beiden bäuerlichen Höfe Sauriesselgut und Ruernschopfgut zusammenführte und ein schlossartiges Anwesen daraus machte. Zwei Lesarten existieren zur Namensgebung des Schlosses: Zum einen soll es nach Kaiser Leopold (1640–1705) benannt worden sein, zum anderen, weil es am Namenstag des Erbauers eingeweiht wurde. Nach zahlreichen Besitzerwechseln war es jedenfalls Prinz Arnulf von Bayern, der das Gebäude zwischen 1890 und 1895 zu einer Sommerresidenz im historischen Stil bayerischer Schlösser umbaute. Heute dient es als Internat der Bundeshandelsakademie und Bundeshandelsschule Eisenerz, im Sommer wird es als Jugendsporthaus genutzt.

Adresse Seestraße 13, 8790 Eisenerz | Anfahrt auf der A9 bis zur Ausfahrt 129/Traboch, dann weiter auf der B115 durch Eisenerz, See etwa 2 Kilometer hinter Eisenerz auf der rechten Seite | Tipp Der Bootsverleih am See ist im Sommer täglich von 10 bis 18 Uhr geöffnet.

21 Die Oswaldikirche

Die bedeutendste Wehrkirchenanlage der Steiermark

Neben dem Schichtturm und dem Erzberg selbst prägt die Oswaldikirche das Stadtbild von Eisenerz. Aber sie ist mehr als nur schön anzuschauen, diese Anlage ist ein historisches Monument. Auf dem sogenannten Vogelbichl wurde ursprünglich um das Jahr 1280 eine romanische Kirche gebaut, angeblich soll sich dort bereits seit 1066 eine Kapelle befunden haben. Fest steht jedenfalls, dass mit dem Bau der heutigen Kirche unter Kaiser Friedrich III. im Jahr 1470 begonnen wurde. Zwölf Jahre später reagierte der Kaiser dann auf die Türkeneinfälle und ordnete die Errichtung einer Wehranlage um die Kirche herum an.

Ab 1519 breitete sich der Protestantismus in der Steiermark aus, die Eisenerzer Bürgerschaft nahm ab 1525 am Bauernaufstand teil. 1529 gab die Türkenbelagerung Wiens dann den endgültigen Ausschlag zum Ausbau zur Kirchenburg. Sie sollte den damals schon so bedeutsamen Erzberg schützen und erhielt einen Verteidigungsgraben, einen Abortturm und einen eigenen Brunnen. Bis Mitte des 16. Jahrhunderts war Eisenerz dann mehrheitlich protestantisch und schloss sich im Jahr 1572 auch öffentlich dem »Augsburger Bekenntnis« an.

1599 schlug das Pendel wieder in die andere Richtung aus. Im Laufe der Gegenreformation diente die Kirche den Protestanten als Fluchtburg, viele versteckten sich dort vor allem vor Martin Brenner, dem Bischof von Seckau. Dieser schaffte es jedoch mit harten Maßnahmen wie Verbannungen und Bücherverbrennungen, die Mehrheit der Eisenerzer wieder zum Katholizismus zu bekehren.

Bisher war man der Meinung, dass Bischof Brenner 1599 sämtliche protestantische Gebäude in der Steiermark sprengen hatte lassen, darunter auch 20 neu gebaute Kirchen. 2010 konnten Forscher der Technischen Universität Graz aber nachweisen, dass die Kirchenburg in Eisenerz das einzige noch bestehende reformatorische Sakralbauwerk der Steiermark ist.

Adresse Kirchenstiege 5, 8790 Eisenerz, Tel. 03848/22670 | Anfahrt auf der A9 bis zur Ausfahrt 129/Traboch, dann weiter auf der B115 nach Eisenerz; alternativ Bus 820 von Leoben | Öffnungszeiten Ostern – Advent, ab 9 Uhr bis zur Dämmerung | Tipp Von der Oswaldikirche sieht man direkt auf Pfaffenkogel, Erzberg und Schichtturm – und natürlich auf die wunderschöne Eisenerzer Altstadt.

22 Der Schichtturm

Die Glocken, die zur Arbeit riefen

Die größte Gefahr bei der Fahrt auf der Eisenstraße über den Präbichl ist, dass man zu oft aus dem Fenster schaut anstatt auf die Straße. Denn bei der Annäherung an Eisenerz hinunter zum Gsollbach zeigt sich der Erzberg als atemberaubendes Panorama. Darunter baut sich Eisenerz auf, mit der Oswaldikirche (siehe Ort 21) und einem einsamen Turm, der nicht minder beeindruckend ist. Es handelt sich um den Schichtturm – jenen Glockenturm, der die Arbeiter jahrhundertelang zur Schicht rief und sie vor Gefahren warnte.

Am 24. Februar 1581 beschlossen die Radmeister den Bau des einfachen Wachhauses auf einer Anhöhe über dem Erzbach. Nach mehrjähriger Bautätigkeit war daraus ein ansehnlicher Wachturm im Renaissancestil geworden, in dem Turmwächter Tag und Nacht ihren Dienst versahen und auch bei Brand- und Hochwassergefahr Alarm läuteten. Der Turm selbst wirkt recht schlicht, das Dach jedoch ist mit Filialtürmchen ausgestattet und trägt einen aufgesetzten Glockenturm, in dem sich die große Glocke befindet. Diese Glocke wurde einst von Erzherzog Karl II. von Innerösterreich gestiftet und ist aus türkischen Kanonen gegossen. Das Meisterwerk wurde danach mit 20 Pferden von Graz nach Eisenerz transportiert. Wer die erwähnte Eisenstraße kennt, kann erahnen, wie sehr sich die Pferde dabei geplagt haben müssen.

Die Turmwächter handelten bei Gefahr übrigens nach einem exakt vorgegebenen Prozedere: Bemerkten sie ein Feuer, was leider gar nicht selten vorkam, hängten sie bei Nacht eine rote Laterne und bei Tag zusätzlich eine rote Fahne aus dem Turmfenster. Damit zeigten sie die Feuerrichtung an. Ab der Mitte des 18. Jahrhunderts mussten die Turmwächter das gesichtete Feuer zusätzlich mit drei Böllerschüssen und sechs Glockenschlägen melden.

Da Eisenerz mittlerweile immer mehr zur Touristenhochburg wird, gibt es inzwischen auch Führungen im Glockenturm.

Adresse Lindmoserstraße 14, 8790 Eisenerz, www.museumsstadt.at | Anfahrt auf der A9 bis zur Ausfahrt 129/Traboch, dann weiter auf der B115 nach Eisenerz; alternativ Bus 820 von Leoben | Öffnungszeiten Führungen nur nach Voranmeldung unter Tel. 0676/9358897 (maximal 10 Personen) | Tipp Das Mineralienmuseum Ritzinger in der Vordernbergerstraße 1 wurde 2018 eröffnet (Tel. 0650/3431024, Mo–Sa 10–16 Uhr).

23 Der Tabor

Ein Ort voller schauriger Geschichten

Im 15. Jahrhundert wurde in Feldbach der Tabor errichtet, eine Wehranlage, die den Einfällen kriegerischer Truppen Einhalt gebieten sollte. Im 17. Jahrhundert dienten Teile des Tabors als Gefängnis, das vor allem während der Feldbacher Hexenprozesse (1673–1675) traurige Berühmtheit erlangte. Wir gehen diesmal aber auf eine weniger bekannte Geschichte ein, die der Historiker Helfried Valentinitsch im Rahmen seiner Forschungen zur Geschichte der Kriminalität in Innerösterreich schilderte.

Es handelt sich um einen Fall aus dem 17. Jahrhundert, der vier Menschen – und viele Tiere – das Leben kosten sollte. Andreas Kumber war ein Bauer, der mit der Witwe Katharina Trumer, die zwei Kinder aus erster Ehe mitbrachte, verheiratet war. Kumber verging sich mehrmals sexuell an einer der beiden noch minderjährigen Stieftöchter. Als diese im Jahr 1661 ein Kind zur Welt gebracht hatte, fürchtete die Mutter die Blutschande. Gemeinsam mit ihrer Tochter erstickte sie das Kind. Der Argwohn der Nachbarn führte schließlich zur Festnahme der beiden Frauen.

Sie wurden im Feldbacher Tabor unter Anwendung von Daumenschrauben verhört. Die Mutter nahm die ganze Schuld auf sich, widerrief später aber. Beide Frauen wurden enthauptet. Kumber war verzweifelt. Er floh in der Nacht aus dem Feldbacher Tabor. Ausgerechnet unter dem Galgen soll er sich im Unterholz verheddert haben und wurde wieder eingefangen. Unter Folter gestand er zum Inzest auch noch die Sodomie mit zwei Hühnern, vier Stuten, vier Kühen und einer Hündin. Kumber wurde lebendig verbrannt. Auch die Tiere, an denen er sich vergangen hatte, waren zu töten.

Seit 1952 befindet sich das Feldbacher Heimatmuseum im Tabor, es erstreckt sich in 41 Räumen fast über die gesamte einstige Wehr- und Gefängnisanlage. Hier wird die Geschichte der Region geschildert, das Grauen der Vergangenheit bleibt auf diese Weise unvergessen.

Adresse Museum im Feldbacher Tabor, Taborplatz 1, 8330 Feldbach, www.tabor-feldbach.at | Anfahrt auf der Südautobahn A2 bis zur Ausfahrt Gleisdorf-Süd, von dort via Studenzen nach Feldbach; alternativ mit der S3 von Graz | Öffnungszeiten Ende April – Ende Okt. Di – Sa 10 – 17 Uhr und nach Vereinbarung, Kontakt siehe Website | Tipp In unmittelbarer Nähe befindet sich das Schloss Kornberg mit einer beeindruckenden Teppichaustellung.

24 Das Wasserschloss

Der Ursprung der Dracula-Legende

Einst befand sich an dieser Stelle ein Wehrbau, 1332 wurde daraus ein Renaissanceschloss, dessen Aufgabe es war, die Mark vor Einfällen der Ungarn zu schützen. Nach zahlreichen Besitzerwechseln gelangte es 1835 an den Orientalisten Joseph von Hammer-Purgstall (1774–1856). Heute ist das Schloss Hainfeld, das größte Wasserschloss des Landes, in Privatbesitz und für die Öffentlichkeit nicht zugänglich.

Das ist die offizielle Geschichte des Anwesens. 1872 entstand aber eine andere, ein regelrechter Mythos, den der irische Autor Sheridan Le Fanu mit seiner Novelle »Carmilla« in die Welt setzte. In seiner Geschichte erlebt eine junge Frau in einem Schloss »30 Meilen von Graz« Schauriges, es geht um einen »grässlichen Aberglauben, der in der Steiermark grassiert …«

Ja, Sie ahnen es, es handelt sich um den Vampirglauben. Dass dieser konkret mit dem Schloss Hainfeld verbunden wird, geht auf Gräfin Johanna Anna von Purgstall, eine gebürtige Cranstoun, zurück, deren Adoptivsohn Joseph von Hammer-Purgstall war. Die Dame bekam eines Tages Besuch vom schottischen Kapitän Basil Hall. Halls Reisebericht »Ein Winter in der Steiermark« erschien 1836, und er beschrieb darin »schwer zugängliche, von dumpfen Bauernvölkern besiedelte Gebiete, in denen ein zügelloser Aberglaube den verschiedensten Ängsten und Schrecken Gestalt verleiht«.

Und damit war es geschehen. Jahre später fand Le Fanu in der Tagebuchskizze das ideale Setting für eine Vampirgeschichte, als Reminiszenz an die Ideengeber nannte er Carmilla auch Karnstein, die Ähnlichkeit zu Cranstoun ist unverkennbar. Bram Stoker wollte in seinem 1897 erschienen Roman »Dracula« ebenfalls die Steiermark zum Vampirland machen, hatte sie in einem nicht erschienenen ersten Kapitel auch bereits auserkoren, entschied sich dann aber doch für Transsylvanien. Aus touristischer Sicht schade, für unser Seelenheil wohl besser.

Adresse Leitersdorf 1, 8330 Feldbach, www.schloss-hainfeld.com | Anfahrt auf der B57 nach Leitersdorf, Schloss Hainfeld im Raabtal in Fahrtrichtung linker Hand | Öffnungszeiten Privatbesitz, nur von außen zu besichtigen | Tipp Das Dorf Pertlstein ganz in der Nähe lädt zum Fischen an der Raab im Bereich der Ertler-Mühle ein.

25 Die Kirche Maria Trost

Wo die Reliquien des heiligen Zoticus liegen

Der Name des heiligen Zoticus, dessen Gebeine in der Fernitzer Wallfahrtskirche Maria Trost untergebracht sind, sorgt heute meist für Kichern unter den Besuchern. Fast vergessen ist nicht nur sein tragisches Schicksal, sondern auch das enorme Aufsehen, das die Überbringung seiner Gebeine nach Fernitz einst erregte.

Zoticus, der das erste Waisenhaus der Stadt gründete, wurde um 340 nach Christus unter der Herrschaft des Kaisers Constantius II. in Konstantinopel, dem heutigen Istanbul, hingerichtet. Er soll an einen Esel gebunden und durch die Straßen getrieben worden sein, bis er an den Folgen seiner Verletzungen starb. Sein Leichnam wurde nach Rom gebracht, wo Christen aber nicht in der Stadt begraben werden durften, sondern in »cata cumbae«, den »steilen Felsen«, riesigen künstlichen Höhlen außerhalb der Stadt.

Im 16. Jahrhundert – in Europa brannte der Religionskrieg zwischen Katholiken und Protestanten – wurde in den Katakomben vor Rom nach Leichnamen gesucht. Man entschied, dass dort alle sterblichen Überreste Märtyrer waren – sogenannte »Katakombenmärtyrer«. Damals begann ein regelrechter Handel mit Reliquien, der auch die Macht der katholischen Kirche stärken sollte.

Doch erst im Jahr 1840 wurden die sterblichen Überreste von Zoticus in den Katakomben von Rom gefunden, und es war der Grazer Franziskanerpater Aloisius Gogg, der den heiligen Leib 1854 erwarb. Zoticus wurde nach Hausmannstätten überführt und von dort »mit einer großen Anzahl von Priestern unter Mitwirkung des Straßganger Propstes Johannes Nepomuk Kraus nach Fernitz übertragen«, wie es in der Fernitzer Pfarrchronik heißt. Mit der Zeit verebbte das Interesse an den Reliquien jedoch, im 20. Jahrhundert wussten die meisten nichts mehr über Zoticus und schon gar nichts über das große Aufsehen, das seine Verlegung einst ausgelöst hatte. Und heute findet man seinen Namen einfach nur lustig.

Adresse Kirchplatz 29, 8072 Fernitz-Mellach, Tel. 03135/55400 | Anfahrt auf der L312 über Gössendorf; alternativ Bus 521 zwischen Wildon und Graz | Tipp Der Hauptplatz von Fernitz lädt zum Verweilen ein. Die örtliche Konditorei ist weithin bekannt.

26 Das Hotel Gabelhofen

Ein Hochzeitsschloss wie aus dem Märchenbuch

Mitten in der Ebene des breiten Aichfelds befindet sich ein Anwesen, das wie eine Oase anmutet. Das einstige Wasserschloss am Ufer der Pöls kurz vor Fohnsdorf ist heute als Hotel und beliebtes Hochzeitsschloss weithin bekannt. Vier Türme, eine stilechte Holzbrücke und ein verwinkelter Schlossgarten verleihen dem Ganzen märchenhaften Flair. Wenn man schon nicht Gast des Vier-Sterne-Hauses samt Haubenküche und Kunstgalerie ist, so lohnt sich doch ein kurzer Fotostopp am Parkplatz davor. Das Areal gibt Einblick in die herrschaftliche Lebensweise von anno dazumal.

Das älteste erhaltene Dokument, das von dem Schloss als »Hof Riegersdorf« berichtet, stammt aus dem Jahr 1443. Besitzer war damals die in der Steiermark hoch angesehene Herrschaftsfamilie der Liechtensteiner, die das Anwesen als Lehen an Judenburger Bürger vergab. Das Blatt wendete sich jedoch, als sich Niklas von Liechtenstein 1487 dazu entschloss, sich im Ungarnkrieg auf die Seite des ungarischen Königs Matthias Corvinus zu stellen. Kaiser Friedrich III. ächtete ihn deshalb, und der Hof geriet 1490 an Georg Pfanngauer, der Riegersdorf zu einem romantischen Wasserschloss ausbaute. Da er aber bald einsehen musste, dass der Wassergraben allzu schnell versickerte, erinnern heute nur noch Reste an den einstigen Versuch. Das Hin und Her der Besitzverhältnisse um Gabelhofen ging indes weiter. 1536 übernahm die Familie Pranckh und beendete auch den Ausbau zum Renaissanceschloss, ehe der bayerische Unternehmer Christoph Gabelkhover 1596 den Ansitz kaufte und ihn fortan Gabelkhoven nannte.

Nach zahlreichen weiteren Besitzerwechseln befindet sich seit 1994 ein luxuriöses Hotel in den altehrwürdigen Gemäuern. 2014 kaufte der in der Region sehr umtriebige Mäzen und Industrielle Dietrich Mateschitz (1944–2022) das Schloss. Die letzte Renovierung fand 2016/17 statt.

Adresse Schloßgasse 54, 8753 Fohnsdorf, www.gabelhofen.at | Anfahrt von Graz über die A9 bis zum Knoten St. Michael, von dort über die Murtal Schnellstraße S36 nach Fohnsdorf | Tipp In der Nähe befindet sich auch die sagenhafte Ruine der Burg Fohnsdorf, die vermutlich bereits im 9. Jahrhundert erbaut wurde.

27 Die Festung Rabenstein

Die Burg war im Mittelalter bedeutende Mautstelle

Viele Burgen hängen atemberaubend an Felsklippen und thronen über dem Land. Rabenstein bei Frohnleiten ist jedoch nicht nur von der Pyhrnautobahn aus gut sichtbar, die Burg gilt als eines der besterhaltenen und schönsten Exemplare der Steiermark und ist in jedem Fall einen Besuch wert. Sie ist knapp 900 Jahre alt und wurde einst direkt an den Ufern der Mur gebaut. Sie sicherte den Verkehrsweg zwischen Graz und Bruck an der Mur, und noch heute sind am Burgtor die Spuren jener Wagen sichtbar, die zu groß für den schmalen Durchlass waren.

An dieser Burg führte an der rechten Murseite tatsächlich kein Weg vorbei. Die Fuhrwerke mussten durch die Tore des Gemäuers, das einst Rammenstein hieß. Tiefe Rillen im Mauerwerk zeugen vom Gedränge und den allzu ehrgeizigen Fuhrmännern von einst.

Es war Lantfried von Rammenstein vom Geschlecht der Eppensteiner, der in der zweiten Hälfte des 12. Jahrhunderts diese Anlage errichten ließ. Seither war die Burg im Besitz einiger bedeutender steirischer Adeliger, darunter die Familien Trauttmansdorff, Harrach, Windisch-Grätz, Reininghaus, Waldsteiner, Dietrichstein und Liechtenstein.

Heute ist Rabenstein ein modernes Konferenz- und Veranstaltungszentrum, in dem sich nicht nur die Golf-Elite regelmäßig trifft, auch das »Japaneum« fand hier zweimal statt – eine exklusive, beim Publikum sehr beliebte Japan-Schau. Kammermusikkonzerte haben hier überdies seit Jahren Tradition. Der inzwischen verstorbene Unternehmer Werner Hochegger hat die Burg 2005 erworben und darüber ein Glas-Cortenstahl-Konstrukt errichten lassen. Diese »Hochegger-Keusche« ist eines der Wahrzeichen des Murtales und erinnert an die im 15. Jahrhundert abgebrannte und nie wieder errichtete Oberburg. Rabenstein wird heute von dessen Nachfolger, dem mittlerweile 46. Besitzer, Jürgen Unterrainer geführt und gilt als eine der Top-Sehenswürdigkeiten rund um Graz.

Adresse Adriach-Rabenstein 41, 8130 Frohnleiten, Tel. 03126/39775 | Anfahrt auf der S35 (Brucker Schnellstraße) nach Frohnleiten, von dort Richtung Adriach und Rabenstein | Öffnungszeiten Führungen nach Voranmeldung unter Tel. 03126/39775 oder per E-Mail an office@burg-rabenstein.at | Tipp Das Freibad Frohnleiten ist im Sommer Treffpunkt für Tausende Badefreudige und bietet außerdem zahlreiche Sport- und Freizeitaktivitäten.

28 Das Haus Doranna

Das traurige Schicksal einer Starfotografin

Zwei Stolpersteine erinnern in der Dr.-Ammann-Straße 7 in Frohnleiten an zwei Schwestern und deren tragisches Schicksal. Dora Philippine Kallmus (1881–1963), später bekannt als die Starfotografin »Madame d'Ora«, stammte aus einer jüdischen Familie in Wien und lebte zwischen 1919 und 1938 immer wieder im sogenannten »Haus Doranna« in Frohnleiten. Es war das Haus ihrer Schwester Anna Malvine Kallmus (1878–1944), die 1919 ebenfalls nach Frohnleiten gezogen war.

Madame d'Ora fotografierte Legenden jener Zeit wie Gustav Klimt oder Marlene Dietrich, sie arbeitete in Paris für die Modehäuser Chanel und Rochas. Bis 1940 deutsche Truppen einrückten. Die Fotografin floh nach Südfrankreich, doch Schwester Anna blieb in Frohnleiten. Ein verhängnisvoller Fehler. 1941 wurde sie nach Polen deportiert und wahrscheinlich 1944 in Łódź ermordet.

Für Madame d'Ora waren die Ereignisse traumatisch. Sie änderte ihren Stil, fotografierte nur noch in Schlachthäusern. Erst 1962 kehrte sie in die Steiermark zurück. Nach einem Unfall war sie weitgehend mittellos und gebrochen. Das »Haus Doranna« wurde zwar restituiert, doch die Menschen, die darin seit dem Naziregime wohnten, mussten nicht ausziehen. So lebte Dora Kallmus als Pflegefall unter fremden Menschen – im eigenen Heim. Von ihrem einstigen Ruhm wusste niemand. Als sie starb, hinterließ sie keine Angehörigen. Ihr Grab wurde nicht gepflegt und schließlich sogar aufgelassen.

Es ist dem Engagement der Historikerin Edda Engelke zu verdanken, dass zu Doras 50. Todestag im Jahr 2013 eine Ausstellung in Frohnleiten stattfand. Dora Kallmus wurde post mortem gewürdigt, Ausstellungen in Wien und Graz folgten, ihre sterblichen Überreste wurden auf dem jüdischen Friedhof in Graz in einem Ehrengrab beigesetzt. Und seit dem 21. Oktober 2020 befinden sich nun auch die beiden Stolpersteine vor dem »Haus Doranna«.

Adresse Dr.-Ammann-Straße 7, 8130 Frohnleiten | Anfahrt auf der S35 (Brucker Schnellstraße) nach Frohnleiten, auf der L121 durch den Ort zum Leobner Tor und zur Dr.-Ammann-Straße | Tipp In Frohnleiten befindet sich ein sehenswerter historischer Hauptplatz. Bemerkenswert ist auch die beleuchtete Skyline der Stadt an der Mur zur Weihnachtszeit.

29 Das schaurige Buchhaus

Ein Besuch in düsterer Vergangenheit

Die Fusionsgemeinde hat viel zu bieten: In Södingberg geht's mit Schwimmbad und Keltenausstellung eher sportlich-kulturell zu, während sich in Geistthal ein schaurig anmutendes Gebäude befindet, das viel Aufmerksamkeit auf sich zieht: das ehemalige Amtshaus der Reiner Mönche, das »Buchhaus« genannt wird. Der Kulturverein Geistthal bemüht sich seit Jahren um das Gebäude aus dem 16. Jahrhundert. 2022 wurde ein Teil seiner Fassade renoviert, 2023 waren die römischen Säulen im ersten Stock Gegenstand einer wissenschaftlichen Untersuchung des Instituts für Konservierung und Restaurierung der Universität für Angewandte Kunst in Wien.

In dem Gebäude ist auch die »Keuchn« zu bestaunen, ein winziger Raum, in dem sich die Verurteilten während ihrer Prozesse aufhalten mussten. So etwa auch Martha Mosegger, jene 104-jährige Frau, die man am 6. Juli 1647 zum Tod durch Verbrennen auf dem Scheiterhaufen verurteilt hatte, zuvor wurde die Bedauernswerte aber noch in der Folterkammer von Obervoitsberg gequält. Feinfühlige spüren bestimmt, dass sich im Buchhaus allerhand Dramen abgespielt haben. Aber auch wunderschöne Begebenheiten – finden hier doch heute noch Hochzeiten und andere Feierlichkeiten in den beiden Tanzsälen statt.

Aber es gibt noch mehr zu sehen: Im Buchhaus ist die heilige Kümmernis abgebildet, eine bärtige Frau am Kreuz – die Sage dazu würde den Rahmen sprengen, ist aber unbedingt lesenswert (zum Beispiel in »111 schaurige Orte in der Steiermark, die man gesehen haben muss«). Am Dachboden modern außerdem zwei ausgestopfte Bären vor sich hin, die weithin sichtbar aus einer Dachluke starren. Es soll sich dabei um die letzten geschossenen Bären aus der Region handeln, sie sind mehr als 100 Jahre alt. Für sie interessiert sich nun das Naturhistorische Museum in Wien. Die Bären sollen untersucht werden, eine Kopie dürfte demnächst in Geistthal landen.

Adresse Geistthal 7, 8153 Geistthal-Södingberg | Anfahrt über Deutschfeistritz/Großstübing beziehungsweise Stallhofen/Södingberg | Öffnungszeiten Führungen nach Vereinbarung; Kontakt über Kulturverein Geistthal, Tel. 0664/88462417, kulturverein.geistthal@gmail.com | Tipp An das Schicksal der Martha Mosegger erinnert auch der 2003 vom Künstler Manfred Schlosser fertiggestellte Frauenbrunnen, der sich keine 20 Meter vom Buchhaus entfernt befindet. Dieses Denkmal rückt das Schicksal von Frauen in den Mittelpunkt und gilt als beliebter Treffpunkt im Ort.

30_Das Naturschutzdenkmal

Der Kampf ums Gesäuse

Direkt an der Abzweigung von der B146 ins Bergsteigerdorf Johnsbach mit seinem eigentümlichen Bergsteiger-Friedhof liegt der Parkplatz zum Weidendom. Dieses Besucherzentrum stellt die Einführung in eine der bemerkenswertesten Regionen der Steiermark dar: den Nationalpark Gesäuse. Dieser einzige Nationalpark der Steiermark entstand aus der Not heraus. Er ist 12.474 Hektar groß und besteht zu 52 Prozent aus Wald. In ihm existieren rund 200 endemische Tier- und Pflanzenarten, die es nirgendwo sonst auf der Erde gibt. Und dennoch hatte man einst ganz andere Pläne für diese Region.

Der erste Vorschlag, aus dem Gesäuse einen Naturpark zu machen, wurde im Jahr 1913 gemacht, doch ansässige Großgrundbesitzer wehrten sich dagegen. Nach dem Ersten Weltkrieg tauchten Elektrifizierungspläne entlang der Enns auf, die Rede war von acht Staustufen oder einer Umleitung in einen Stausee bei St. Gallen und in ein Kraftwerk in Weißenbach.

Mitte der 1950er Jahre wurde bei Hieflau ein Kraftwerk errichtet, weitere waren geplant, schließlich reagierte die Landesregierung, indem sie das Ennstal zum Naturschutzgebiet erklärte. Doch auch das war zu wenig. Am Eingang des Gesäuses sollte in den 1970er Jahren ein weiteres Kraftwerk entstehen, der Widerstand war massiv, Gegner forderten einen »Nationalpark Niedere Tauern«, der abermals an den Grundbesitzern scheiterte. 1986 wiederholte sich der Vorgang, doch diesmal hatten die Proteste Erfolg, man erklärte den Gesäuse-Eingang wenigstens zum Naturschutzdenkmal, womit ein Kraftwerksbau ein für alle Mal verhindert wurde.

1996 entstanden dann gleich vier Nationalparks in Österreich: Donau-Auen, Kalkalpen, Thayatal – und der Nationalpark Gesäuse. Dieser wurde 2002 bei der IUCN (International Union for Conservation of Nature) als Nationalpark der Kategorie II gewertet. Heute ist das Gesäuse der sechste und jüngste Nationalpark Österreichs.

Adresse Nationalpark Gesäuse Informationsbüro, Hauptstraße 35, 8911 Admont, Tel. 03613/2116020, www.nationalpark-gesaeuse.at | Anfahrt Informationsbüro direkt an der L146 in Admont | Tipp In Johnsbach befindet sich ein Friedhof, der für verunglückte Bergsteiger eingerichtet wurde.

31 Das Grab der »Generalin«

Die Geschichte um einen Grabstein im Wald

Grabstätten gehören nicht unbedingt zum bevorzugten Ziel von Wanderern, der Generalkogel bildet da wohl eine Ausnahme. Auch wenn man für sein letztes Stück kräftige Wadln benötigt – zumindest der finale Anstieg ist anspruchsvoll. Dieser mystische Ort in 710 Metern Seehöhe mitten im Wald erzählt die Geschichte einer illustren Persönlichkeit: die der Weltreisenden Emilie Sarah Engelbronner d'Aubigny de Peché (1772–1849).

Sie wurde 1772 als Pastorentochter in Norddeutschland geboren, beherrschte vier Sprachen und war musikalisch begabt. Und sie war abenteuerlustig: Als junge Erwachsene wanderte sie nach Indien aus und gründete in Kalkutta ein »Institut für Töchter britischer Beamter und Offiziere«, die dort unterrichtet wurden. Sie lernte Colonel John Peché kennen, dessen Tochter Julie ihre Schülerin war. 1812 reiste Emilie Sarah in ihre Heimat zurück und traf den inzwischen zum Generalleutnant beförderten Peché wieder. Bei einem Spazierritt stürzte der britische Offizier und verstarb noch in derselben Nacht an den Folgen der Verletzung – doch kurz vor seinem Ableben hatte er Emilie Sarah geehelicht, sodass sein gesamtes Hab und Gut an sie überging.

Es ist bis heute nicht klar, warum und wie sie in die Steiermark kam, sicher ist nur, dass sie mit ihrer Stieftochter anreiste und Schloss Plankenwarth kaufte, eine Höhenburg aus dem 13. Jahrhundert. Sicher ist außerdem, dass Emilie Sarah hier großes Aufsehen erregte. Nicht nur, weil sie sich als Protestantin mit der protestantischen Elite von Graz umgab, sie hielt sich auch einen Zoo exotischer Tiere, züchtete exotische Pflanzen und hatte eine indische Sklavin. Man erzählt sich außerdem, dass sie sich gern in indische Gewänder kleidete und sich mit ihren Hunden begraben ließ. Ihre Schwester Nina d'Aubigny von Engelbronner (1770–1847) war übrigens Schriftstellerin, lebte in Krumegg und ist in Nestelbach bei Graz begraben.

Adresse Brennkogel zwischen den Gemeinden 8051 Thal, 8113 St. Oswald bei Plankenwarth und 8111 Gratwein-Straßengel; Koordinaten: 47.09815 15.32467 | Anfahrt über den Autobahnzubringer (Plankenwarther Straße); alternativ mit der S1 oder Bus 120, 121 nach Gratwein-Straßengel, von dort zu Fuß über den Grazer Umlandweg 563, vorbei am kreuzenden Wanderweg 30 aus Thal (Bilderbuche), nach rund 30 Minuten am Brennkogel rechts abbiegen und den steilen Weg 75 Meter bergauf | Tipp Der Weg eignet sich als Rundwanderweg – entweder über Thal (Kreuzwirt!) zurück nach Graz oder via Schloss Plankenwarth (St. Oswald), Lindenkreuz, Kugelberg und Hundsdorf zurück nach Straßengel.

32 Die Kunst im Kreuzgang

Die Wiederentdeckung eines Künstlers

Wer sich die Äbtegalerie im Kreuzgang des Stifts Rein etwas näher ansieht, der könnte zu der Überzeugung gelangen, dass eine ganze Menge Gemälde von ein und demselben Künstler stammen. Und damit liegt der Betrachter durchaus richtig. Nicht weniger als die ersten 42 (!) Porträts wurden von Joseph Anton Amonte gemalt, einem Künstler, der erst durch Zufall wieder ins Licht der Öffentlichkeit rückte.

Zum Glücksfall wurde im Jahr 2008 der Sturm »Paula«, der im Huldigungssaal des Stifts Risse in den 1763 gefertigten Malereien entstehen ließ. Blei, welches der Farbe damals beigemengt worden war, oxidierte und dunkelte nach. Günter Theuerkauf, ein Grazer Mathematiker, der sich als Pensionär für Kunstgeschichte interessierte, recherchierte und fand heraus, dass diese Gemälde allesamt von besagtem Amonte geschaffen wurden, der ab 1734 zum Haus- und Hofkünstler von Rein avancierte. 19 Jahre lang malte Amonte unermüdlich in Rein, dann starb der 50-Jährige »gach«, wie in den Sterbematrikeln verzeichnet ist.

Doch Amonte (1703–1753) hat nicht nur die Ölgemälde der Äbte angefertigt und den Huldigungssaal ausgemalt, sondern auch die Bibliothek in 96 Tagwerken freskiert sowie die Altarblätter zahlreicher Seitenaltäre in der Stiftsbasilika fabriziert. Er lebte in der Gratweiner Straße, studierte in Graz und hatte zuvor die Malerschule ins Fleims besucht. Dort lernte er den heute viel berühmteren Paul Troger kennen und wurde zum Experten für auf frischen, groben Putz gemalte Bilder – Fresken.

Amontes Werke waren voller Symbolik. Da die wenigsten Menschen lesen konnten, musste man ihnen die Bibel und deren Geschichten bildlich erklären. Wie aufregend diese sind, davon kann man sich bei einem der von Theuerkauf geführten Amonte-Rundgängen durchs Stift überzeugen. Infos gibt's im Klosterladen, neben Büchern und allerlei Andenken.

Adresse Stift Rein, Rein 1, 8103 Rein, Tel. 03124/516210, www.stift-rein.at | Anfahrt via Gratwein über die L335 (Reiner Straße) direkt in den Ort; alternativ Bus 110 vom Grazer Hauptbahnhof | Öffnungszeiten Führungen zwischen 9 und 17 Uhr, Infos unter Tel. 03124/51621 oder per E-Mail an gruppe@stift-rein.at | Tipp Kulinarische Stärkung verspricht die Stiftstaverne Rein in unmittelbarer Nähe des Klosters (Mi–Sa 10–20 Uhr, So und Feiertage 9–18 Uhr).

33 Das Skelett des Stifters

Zur Entstehungsgeschichte der Steiermark

Als man bei Bauarbeiten im Stift Rein im Norden von Graz im Jahr 2006 auf ein Skelett stieß, war die Aufregung groß. In der Mitte des einstigen Kapitelsaals unter der heutigen Marienkapelle, wo sich die Mönche einst versammelt hatten, befand sich ein Grabschacht, und in diesem lagen die Gebeine eines Mannes. Die Experten waren sich schnell einig, dass der Leichnam nicht hier begraben, sondern im 13. Jahrhundert umgebettet worden war. Und nun war man auch überzeugt zu wissen, um wessen sterbliche Überreste es sich handelte: die von Leopold I., auch »der Starke« genannt, der am 26. Oktober 1129 verstorben war.

Auf den ersten Blick ist bemerkenswert, dass der Markgraf Leopold I. im Geburtsjahr des Stifts Rein das Zeitliche segnete. Aber hinter diesem Namen steckt viel mehr. Ihm ist es zu verdanken, dass dieses Kloster überhaupt erbaut wurde. Grundlage dafür war, dass sein Vater Ottokar III. den Grafen Waldo beerbte und damit die Güter des Wehrhofs Reun erhielt. Leopold war von 1122 bis 1129 Markgraf der Steiermark, hatte in dieser Position seinerseits Heinrich III. (gestorben 1122) beerbt und vereinte nun die Region Murau, das Murtal bis Leoben, Bruck und Gösting, das Mürztal, das Mariazellerland sowie die Region um Voitsberg. In Hartberg errichtete er die erste Pfalz, also den ersten königlichen Wohnsitz in der Steiermark, Rein sollte das Hauskloster seiner Familie werden. Es wurde weit mehr. Es ist heute das älteste noch erhaltene und durchgehend bewirtschaftete Zisterzienserkloster der Welt. Und Leopold ist nicht nur der Stifter dieses Klosters, er gilt auch als Vater der Steiermark.

Den Beginn der Klosterarbeit durch fränkische Mönche erlebte Leopold nicht mehr, diese Angelegenheit brachte dessen Witwe Sophie von Bayern (gestorben 1145) zu Ende. Am 22. Februar 1138 stellte Erzbischof Konrad I. von Salzburg die Gründungsurkunde aus.

Adresse Stift Rein, Rein 1, 8103 Rein, Tel. 03124/516210, www.stift-rein.at | Anfahrt via Gratwein über die L335 (Reiner Straße) direkt in den Ort; alternativ Bus 110 vom Grazer Hauptbahnhof | Öffnungszeiten Führungen zwischen 9 und 17 Uhr, Infos unter Tel. 03124/51621 oder per E-Mail an gruppe@stift-rein.at | Tipp Im Nachbarort Straßengel befindet sich die Wallfahrtskirche Maria Straßengel. Ihr vorgestellt ist das Prälatenhaus, das vom Künstlerehepaar Brunhilde und Peter Meder bewohnt und vom Verein Prälatenhaus kulturell bespielt wird und in dem die traditionelle Krippenausstellung in der Vorweihnachtszeit präsentiert wird (www.praelatenhaus.at).

34 Die Cantius-Stele

Die Geschichte einer keltischen Moderevolution

Das Archäologiemuseum im Schloss Eggenberg ist immer einen Besuch wert. Gleich zu Beginn begrüßt eine Stele, die recht unscheinbar wirkt, unter Experten aber Begeisterung und Bewunderung hervorruft. Denn was auf ihr zu sehen ist, hat etwas mit Courage und Widerstand zu tun.

Es handelt sich dabei um eine Grabstele aus Marmor, die um das Jahr 100 nach Christus geschaffen wurde. Sie zeigt das Porträtmedaillon ihres Auftraggebers Lucius Cantius Secundus und dessen Ehefrau Cantia Bonia sowie deren Tochter Cantia Boniata. Diese Stele war bis zum Jahr 1818 in der Außenmauer der Pfarrkirche St. Leonhard eingemauert und wurde dann dem Landesmuseum Joanneum zum Geschenk gemacht.

Seither beschäftigt die Darstellung zahlreiche Altertumsforscher und gibt ihnen Rätsel auf, denn die Familie, die einst mit einigen Sklaven in Graz lebte, wird in einer Tracht präsentiert, die es zu dieser Zeit eigentlich gar nicht geben durfte. Tochter Boniata trägt eine norische Haube, Bonia eine Modiusmütze aus Leder, Filz oder Pelz, an der Toga sind Fransen zu erkennen, dazu ein ponchoartiger Überwurf. Das ist eindeutig die Mode der Kelten – im Zeitalter der römischen Herrschaft also ein modischer Fauxpas. Barbara Porod, Chefkuratorin am Archäologiemuseum, hat dafür bislang keine Erklärung. »Seit 15 vor Christus sind die Römer in dieser Gegend vorherrschend. Es gibt keinen Widerstand, keine Schlacht in Noricum, und doch wird diese modische Revolution vom Reich geduldet«, erzählt sie. Porod bezeichnet Noricum als »die fadeste Provinz im Römischen Reich«. Und das dürfte wohl auch der Grund dafür gewesen sein, dass sich kleine Nationalismen erhalten konnten.

Man geht davon aus, dass damals im Grazer Becken bis in den Süden nach Flavia Solva (Leibnitz) rund 10.000 Menschen gelebt haben. Natürlich wurde Latein gesprochen, aber das Keltische hat sich erhalten – in der Sprache und eben auch in der Mode.

Adresse Archäologiemuseum, Eggenberger Allee 90, 8020 Graz, Tel. 0316/80179515 | Anfahrt zum Ende der Allee beim Eggenberger Stadion, Museum im Schlosspark Eggenberg, direkt vor dem Schloss dem Weg nach rechts folgen | Tipp Die Parkanlage im Schloss Eggenberg zählt zu den beliebtesten Ausflugszielen sowohl bei Touristen als auch bei Einheimischen.

35 Das Ehrengrab

Sonderstellung eines Dichters

Obwohl er zu Lebzeiten immens erfolgreich war, erinnern sich heute nur noch bibliophile Experten an das Werk von Rudolf Hans Bartsch. Er wurde 1873 in Graz geboren, war als Offizier vor allem in Wien im Kriegsarchiv tätig (1895–1911) und lebte ab 1918 als freier Schriftsteller mit seiner Frau Berta hauptsächlich in Baden bei Wien.

Dabei war er so erfolgreich, dass er mit Werken wie »Vom sterbenden Rokoko« (1909) Millionenauflagen erzielte. Bartsch, dessen Texte vor allem im Kaiserreich, also dem alten Österreich, angesiedelt sind (weshalb ihm in der späteren Rezension auch häufig das Verbreiten eines biedermeierlichen Klischeebildes angekreidet wurde), feierte außerdem mit seinem 1908 erschienenen Roman »Zwölf aus der Steiermark« und dem 1912 publizierten »Schwammerl« große Erfolge. Letzteres war eine Schubert-Biografie, die 1916 auch als Vorlage für die Operette »Das Dreimäderlhaus« von Heinrich Berté diente. »Schwammerl« war übrigens der historisch verbürgte Spitzname des berühmten Komponisten. Anerkennung verschafften ihm auch die Romane »Der Flieger – Roman aus dem Serbenkrieg« (1915) und »Das Lächeln der Marie Antoinette« (1932).

Rudolf Hans Bartsch wird von der Historischen Kommission bei der Bayerischen Akademie der Wissenschaften lediglich als »zeitgebundene Erscheinung« gewertet, dessen Schriften »im Weltanschaulichen von einer haltlosen Oberflächlichkeit« geprägt seien. Dennoch wird ihm attestiert, »fast berühmt« geworden zu sein.

In Graz brachte er es immerhin zum Ehrenbürger, Straßen wurden auch in Leibnitz und Mureck nach ihm benannt. Bartsch starb 1952 in St. Peter, und auch wenn sein literarisches Erbe heute nahezu unbekannt ist, hat er doch über den Tod hinaus ein Alleinstellungsmerkmal. Seine Gedenktafel befindet sich links des Ägyptischen Tors in der Stallbastei. Dahinter liegt seine Urne – es ist das einzige Grab am Grazer Schloßberg.

Adresse Stallbastei am Schloßberg, Schloßberg 5, 8010 Graz | **Anfahrt** via Schlossbergbahn und Schlossberglift zu erreichen, in unmittelbarer Nähe des Uhrturms | **Tipp** Seit 2020 befindet sich in der Stallbastei das neue »Graz Museum Schlossberg« (Tel. 0316/8727630, täglich 11–16 Uhr).

36 Der Gang in den Dom

So besuchte Kaiser Friedrich III. die heilige Messe

Er hatte viele Spitznamen, galt als Zauderer und war verschroben, ständig pleite und für sein Volk nicht greifbar, er war ein saturnischer Charakter, ein Liebhaber von Wissenschaft und Kunst, jedoch introvertiert und unnahbar. Aber Kaiser Friedrich III. (1415–1493) prägte Graz wie kaum ein anderer. Er wählte die Stadt als zeitweilige Residenzstadt und veränderte ihr Antlitz. So ließ er etwa 1438 die kleine Pfarrkirche abreißen und am selben Standort eine neue Residenzkirche errichten – die Pfarrkirche zum Heiligen Ägydius, den 1464 vollendeten heutigen Grazer Dom.

Was heute nicht mehr zu sehen ist: Er ließ sich von seiner Burgresidenz – auch dieser Trakt wurde im 19. Jahrhundert leider abgerissen – einen gedeckten Gang in die Kirche bauen, eine zweigeschossige Verbindung über die Straße. Auf einem heute noch durch eine Stiege zugänglichen eigenen Balkon (»Friedrichskapelle«) konnte er, durch den Lettner vom Volk abgetrennt und nicht sichtbar, der heiligen Messe beiwohnen und schaute dabei von hinten auf den Altar.

Er ließ sich in der Kirche auch mit einem Selbstporträt verewigen. Das Fresko wurde an der Südseite des Doms auf 16 Metern Höhe angebracht und ist teilweise noch zu sehen. Friedrich ist auf dem auf 1460/70 datierten Gemälde mit steirischem Herzogshut als heiliger Christopherus dargestellt, der das Jesuskind trägt. Eine gefinkelte Idee, heißt es doch, der Anblick dieses Heiligen beschere dem Betrachter ein sicheres Leben. Friedrich stilisierte sich also gewissermaßen zum Heilsbringer der Kirchgänger. Auch die umfassende Renovierung des im 17. und 18. Jahrhundert barockisierten Doms konnte das Fresko nicht vollständig wiederherstellen.

Mit seinem geheimnisvollen Kürzel AEIOU (möglicherweise bedeutet es »Alles Erdreich ist Österreich Untertan«), das er an mehreren Stellen im Dom anbringen ließ, verewigte sich der Kaiser ebenfalls.

Adresse Burggasse 3, 8010 Graz, Tel. 0316/821683 | Anfahrt gegenüber der Grazer Burg, am besten durchs äußere Burgtor erreichbar | Öffnungszeiten ab 6.30 Uhr (Frühmesse) | Tipp An der südlichen Fassade des Doms ist das »Gottesgnadenbild« sichtbar. Mit diesem Bildnis (1485) sollte das Unheil jener Zeit abgewendet werden; dargestellt sind Heuschreckenplagen, Pestepidemien und Türkeneinfälle.

37 Die Hainbuchenallee

Sinnbild für die Artenvielfalt im Naturparadies

Die Hainbuchenallee am Schloßberg ist rund 220 Jahre alt, sie zählt somit zu den ältesten Alleebeständen der Stadt Graz. Das konstatierte 2020 der ehemalige Grazer Naturschutzbeauftragte Wolfgang Windisch in einem Aufsatz in der Reihe »Historisches Jahrbuch der Stadt Graz« (Band 49/50). Diese Allee existierte demnach bereits zu einer Zeit, als der Schloßberg noch gar nicht richtig aufgeforstet beziehungsweise gestaltet war.

Als die Franzosen die Belagerung des Schloßbergs 1809 erfolglos beendeten und nach einem Friedensvertrag dennoch als Sieger hervorgingen, gewährten sie den Verteidigern um Major Hackher freies Geleit – unter der Bedingung, dass die Befestigungsanlage auf dem Berg gesprengt würde. Dies geschah im Winter 1809/10 durch französische Mineure. Der wuchtige Dolomitfelsen im Herzen der Stadt war danach jahrzehntelang nichts anderes als eine Geröllhalde.

Es war Ludwig Freiherr von Welden (1782–1853), ein Veteran der Schlacht von Aspern (1809), Oberkommandierender der kaiserlichen Armee in Ungarn und Gouverneur von Wien, der das Antlitz des Berges bis in heutige Zeit veränderte. Als von Welden 1851 in den Ruhestand versetzt und nach Graz geschickt wurde, in die »Pensionopolis« des Kaiserreichs, widmete er sich seiner Liebe zur Botanik und begann damit, den Schloßberg als Naturjuwel auszugestalten.

Windisch spricht davon, dass die pflanzlichen Raritäten bis heute nicht alle gefunden sind, und erinnert daran, dass erst 2019 etwa Trüffeln am Schloßberg entdeckt wurden: Sommertrüffeln, Rotbraune Trüffeln und Bitumentrüffeln. Neben der Hainbuchallee zählen auch die Karl-Böhm-Allee sowie die Japanische Zierkirschenallee zu den beachtenswerten Naturschauspielen. In vielen Teilen blieb sich der in der Mitte des 19. Jahrhunderts angepflanzte Wald bis heute selbst überlassen. Dazwischen schlängelt sich die Weldenstraße als Hainbuchenallee über den Schloßberg.

Adresse Weldenstraße, 8010 Graz | Anfahrt am besten über den Aufgang am Karmeliterplatz zu erreichen | Tipp Nach dem Spaziergang durch die Hainbuchenallee lohnt sich ein Abstecher auf den Uhrturm. In den Uhrturmkasematten gibt es auch die Möglichkeit zum Besuch eines 4-D-Kinos. Zum Verlassen des Berges eignen sich der Lift, die Schlossbergrutsche oder die Zahnradbahn.

38 Die Justizanstalt Karlau

Die Hinrichtungen des Albert Pierrepoint

450 Hinrichtungen werden diesem Mann zugeschrieben, damit gilt er bis heute als der meistbeschäftigte Henker Großbritanniens. Seine Spuren hat er auch in Graz hinterlassen. Als er 1946 nach Österreich entsandt wurde, ging es darum, Kriegsverbrecher zur Rechenschaft zu ziehen.

Anfangs war Pierrepoint geschockt darüber, dass in Österreich der Würgegalgen bevorzugt wurde. Die Delinquenten wurden dabei an einen Pflock gestellt, die Schlinge wurde um ihren Hals gelegt, zwei Helfer drückten das Opfer zu Boden. Eine sowohl für die Todgeweihten als auch für den Henker psychisch belastende Methode. Pierrepoint unterwies seine österreichischen Kollegen stattdessen in seiner Methode des »long drop«. Durch die Fallhöhe waren die Opfer meist durch Genickbruch sofort tot. Das Ganze ging so schnell, dass er es sich zur Gewohnheit gemacht hatte, sich vor der Hinrichtung eine Zigarre anzuzünden, um sie danach weiterzurauchen.

In Graz führte Pierrepoint mehrere Hinrichtungen von Kriegsverbrechern im Rahmen der Eisenerzer Prozesse durch. Insgesamt wurden dabei elf Volkssturmmänner hingerichtet, die am 7. April 1945 ein Massaker am Präbichl angerichtet hatten – sie hatten 250 ungarische Juden während des berüchtigten Todesmarsches nach Mauthausen ermordet. Die Hinrichtungen in der Karlau fanden am 24. September 1946 statt. Die ersten fünf nahm Pierrepoint selbst vor, danach beaufsichtigte er die weiteren des als künftigen Henker vorgesehenen Steirers Leopold Zaglauer. Pierrepoint zeigte sich zufrieden, im Stand-Buch der Strafanstalt Karlau findet sich für diesen Tag der nüchterne Eintrag: »8 Abgänge justifiziert«. In der Folge wurde Zaglauer noch mehrmals eingesetzt, beschwerte sich aber darüber, dass nach Pierrepoints Abreise weiterhin bis zur letzten Hinrichtung 1950 der Würgegalgen genutzt wurde.

Bei Führungen durch die Karlau wird Besuchern der moderne Strafvollzug nähergebracht.

Adresse Herrgottwiesgasse 50, 8020 Graz, Tel. 0316/27050 | Anfahrt Straßenbahn 5, Haltestelle Karlauer Gürtel oder Puchstraße, von dort nur wenige Minuten zu Fuß | Öffnungszeiten Führungen nach Anmeldung unter Tel. 0316/27050 | Tipp In der Herrgottwiese befindet sich auch das Landessportzentrum. Immer wieder sind hier die hoffnungsvollsten Nachwuchssportler des Landes zu beobachten.

39 Die Kapelle im Castrum

Das mittelalterliche Herzstück der Eggenberger

Das Schloss Eggenberg – seit 2010 UNESCO-Weltkulturerbe – bekam sein heutiges Antlitz weitgehend ab dem Jahr 1625. Es wurde von Hans Ulrich und später von Johann Seyfried von Eggenberg als barockes Meisterwerk fertiggestellt.

Doch den Beginn des Anwesens markierte eine Vision Balthasar Eckenpergs (gestorben 1493), eines Sohnes des Grazer Stadtrichters Ulrich Eckenperg (gestorben 1448), rund 200 Jahre zuvor. Balthasar war Münzmeister von Kaiser Friedrich III. und kaufte irgendwann zwischen den Jahren 1460 und 1463 den Orthof auf den Algersdorfer Feldern. Er träumte davon, dieses Anwesen zum Familiensitz auszubauen. Damals lebten die Eckenperger im »ersten Sack« in Graz, wo sie auch eine ihrer Münzprägestätten hatten. Balthasar ließ im Castrum in einem frei stehenden Turm einen Kapellenraum errichten, die »Capella Beate Marie Virginis sita in Castro Eckenperg«, wie sie in einer heute noch existierenden Ablassurkunde bezeichnet wurde.

Diese Kapelle ist ein quadratischer Raum mit Steinrippengewölbe, ganz typisch für viele Adelssitze jener Zeit. Selbst Balthasar, von dem man sagt, er sei kein sehr religiöser Mensch gewesen, fügte sich damit also den damaligen Gepflogenheiten, nach denen das Religiöse tief im Alltag der Menschen verankert war. Er sorgte mit der Kapelle auch über den Tod hinaus für sein Seelenheil. Um sicherzugehen, stiftete er darüber hinaus noch einen prächtigen Flügelaltar. Eckenperg nannte den Familiensitz »Castrum Eckenperg«, und dieser Teil rund um die Kapelle existiert heute noch. Hier befindet sich mittlerweile das Münzkabinett der Sammlung des Universalmuseums Joanneum.

Als die Familie später in den Adelsstatus erhoben wurde, genügte das Anwesen den Ansprüchen nicht mehr. Die älteren Bauteile wurden in den Neubau integriert, die gotische Marienkapelle bildete fortan das Zentrum des Anwesens. Rundherum entstand das heutige Schloss Eggenberg.

Adresse Schloss Eggenberg, Eggenberger Allee 90, 8020 Graz | Anfahrt Richtung Grazer Westen, am besten in der Eggenberger Allee parken; alternativ Straßenbahn 1, 7, Haltestelle Schloss Eggenberg oder Eggenberger Allee, von dort rund 5 Minuten zu Fuß | Öffnungszeiten Münzkabinett (Castrum Eggenberg): April–Okt. Di–So, Feiertage 10–18 Uhr, 1. Nov–17. Dez. nur mit Führung nach Voranmeldung unter Tel. 0316/80179560 | Tipp Rechter Hand vor dem Schloss liegt der sogenannte Rosenberg. Jerome Graf Herberstein hat ihn in den 1830er Jahren angelegt, das Zentrum bildet ein schattenspendender Parapluie im chinesischen Stil.

40 Die Kirche St. Johann und Paul

Ein Ort, der über das Christentum hinausweist

Am Grazer Buchkogel befindet sich ein kleines Kirchlein, das vor allem Grazern durch Tagesausflüge bekannt ist. Die Kirche aus dem frühen 16. Jahrhundert – bereits 1507 wurde in einem Dokument eine Wallfahrtskirche namens »St. Johann am Kögelein« erwähnt – hat allerdings für Historiker oder besser gesagt für Archäologen noch einen weitaus interessanteren Hintergrund. Im Jahr 2004 entdeckten Mitarbeiter des Universalmuseums Joanneum im Umkreis der Kirche Reste einer Siedlung aus dem Neolithikum, der Jungsteinzeit; Spuren von Menschen, die hier um das Jahr 3500 vor Christus gelebt haben. Es handelt sich bei diesen Fundstücken also um die ältesten Wohnhäuser der Steiermark.

Seit 1996 ist die Stadt Graz im Besitz der Buchkogelgründe und somit auch der Kirche, die übrigens in den Jahren 1589 und 1594 vergrößert wurde. Die Bauarbeiten leitete damals Pietro Valnegro, der ein Nachfolger des in Graz besonders gefragten Hofbaumeisters Giovanni Pietro de Pomis (1569–1633) war. Dass es überhaupt zur Erweiterung der Kirche kam, ist Erzherzogin Maria Anna von Bayern zu verdanken, der Ehefrau von Erzherzog Karl II., der von Graz aus Innerösterreich regierte.

Die Kirche zeigt im Inneren, am Hochaltar, eine Abbildung ihrer Namensgeber, der beiden römischen Brüder und Märtyrer Johannes und Paulus, die einst unter Kaiser Julian enthauptet wurden. Bartolomeo Altomonte (1694–1783) zeichnet für die Deckenfresken verantwortlich.

Heute gehört die Kirche zum Pfarrverband Graz-Christkönig und Hl. Schutzengel. Eine Plattform hinter der Kirche ermöglicht einen sagenhaften Weitblick, außerdem gibt es ein Gasthaus und einige Bankerl zum Verweilen. Und einen Spielplatz. Dieser wurde direkt über den Ausgrabungen aus der Steinzeit angelegt. Die Kinder wandeln also auf historischem Boden.

Adresse St. Johann und Paul 1, 8052 Graz | Anfahrt über die Steinbergstraße bis zum Gasthof Dorrer, kurz zuvor links abbiegen und am Parkplatz parken, Spazierweg zur Kirche circa 20 Minuten; alternativ Bus 710, 711 von Lendplatz, Hauptplatz oder FH Joanneum bis Haltestelle GH Dorrer | Tipp Der Gasthof Dorrer ist ein traditionelles Wirtshaus, das bereits seit 1898 besteht und in der fünften Generation geführt wird.

41 Der kunstGarten

Ein Rosen- und Literaturparadies

Irmi und Reinfrid Horn haben den kunstGarten im Jahr 2004 als Museumsprojekt gegründet. Das Privathaus im fünften Grazer Stadtbezirk ist seither längst zu einer weithin bekannten Kulturinstitution geworden, in der neben Gartenführungen auch Ausstellungen, Vorträge, Lesungen, Konzerte, Workshops und Filmvorführungen stattfinden.

Der Garten ihres Anwesens ist Anziehungspunkt für Natur- und vor allem für Rosenliebhaber. Die Terrasse wurde außerdem zur kleinen Bühne mit Leinwand umgestaltet, die Sommerkinos im Garten sind längst legendär. Das Innere des Hauses ist ein Paradies für Bibliophile, befindet sich dort doch die wohl größte private Gartenbuch-Bibliothek des Landes mit rund 4.500 Büchern und 5.000 Filmen aus fünf Jahrhunderten, die als Präsenz- und Leihbibliothek zugänglich ist. Garten und Haus werden als Garten-Kunstraum definiert und wurden 2007 für den Österreichischen Staatspreis Tourismus in der Kategorie »Garten Eden Österreich« nominiert.

Irmi Horn ist selbst Buchautorin und Schauspielerin und fungiert im kunstGarten als Künstlerische Leiterin, Reinfrid sieht sich als »Kunstgärtner« und ist als solcher für die Gartenanlage sowie die Bibliothek zuständig. Im kunstGarten sind schon Künstler und Künstlerinnen wie die Schriftstellerinnen Olga Flor und Barbara Frischmuth oder etwa Regisseur und Drehbuchautor Martin Kroissenbrunner aufgetreten. Insgesamt haben mehrere hundert Gäste bislang die Gartenbühne betreten.

Dem Künstler-Ehepaar ist es ein großes Anliegen, dass auch kulturfernen Personen Kunst nähergebracht wird, weshalb sie im Jahr 2019 Arbeiten zeitgenössischer Kunst in einer Street Gallery ausstellten. Diese befindet sich am Zaun des kunstGartens sowie auf der Front des A1-Telekom-Gebäudes gegenüber. Der kunstGarten nimmt dabei im Speziellen stets Bezug auf die Allgemeine Erklärung der Menschenrechte.

Adresse Payer-Weyprecht-Straße 27, 8020 Graz, Tel. 0316/262787, kunstGarten@mur.at | Anfahrt Bus 52, Haltestelle Auf der Tändelwiese, von dort zu Fuß in die Payer-Weyprecht-Straße | Öffnungszeiten Fr, Sa 15.30–19 Uhr und nach Vereinbarung | Tipp Am Zentralfriedhof befinden sich die Gräber so bedeutender Grazer wie Jochen Rindt oder Wolfgang Bauer.

42 Die Kuriosität im Zeughaus

Falsche Helme für die Schlacht von Kanischa

Jedes steirische Schulkind muss zumindest einmal ins weltweit bekannte Landeszeughaus. Und jeder Tourist sollte es auch unbedingt besuchen. Immerhin ist es die älteste Waffenkammer der Welt. Mehr als 32.000 Harnische und Waffen – verteilt auf fünf Etagen – lagern in den düsteren Räumlichkeiten, sie zeugen von Prunk, Glanz und Leid aus vier Jahrhunderten. Doch dieses Haus birgt auch so manche Kuriosität: zum Beispiel die falschen Helme von Kanischa, ein aberwitziges Zeugnis der Schlacht der »schlampigen Harnische«.

Wir schreiben das Jahr 1601. Seit 1593 tobt im heutigen Kroatien und Ungarn ein zermürbender Krieg. Historiker des 19. Jahrhunderts werden die von 1593 bis 1606 dauernden Auseinandersetzungen als »Langen Türkenkrieg« oder »Dreizehnjährigen Türkenkrieg« bezeichnen. Die Steirer stellen Truppen, Waffen, Geld und Lebensmittel zur Verfügung, doch den türkischen Truppen gelingt es trotzdem, die Festung Nagykanizsa (»Kanischa«) einzunehmen. Nun steht ein Landesaufgebot der Steirer – verstärkt durch päpstliche und kaiserliche Truppen – vor den Toren Kanischas, bereit zur Rückeroberung der jetzt türkischen Festung. Doch diese Armee sieht seltsam aus. Weil im Grazer Zeughaus zu wenige Rüstungen vorhanden waren, fertigte der Plattner Georg Matitsch in aller Eile neue Harnische an und hat bei einigen von ihnen »geschlampt«. Ihre Helme zeigen, warum: Matitsch schnitt die Augenschlitze zu hoch aus, musste sie wieder schließen und darunter neue setzen.

Die Belagerung der Steirer ging damals übrigens schief, der Winter setzte ein, die Steirer mussten schwer geschlagen abrücken. Nagykanizsa blieb bis 1690 in türkischer Hand.

Der seltsame Kanischa-Helm ist aber noch immer im Zeughaus zu sehen – zwischen einer Vielzahl von Rüstungen, die Besuchern durchaus das Gefühl vermitteln, inmitten einer Schlacht zu stehen.

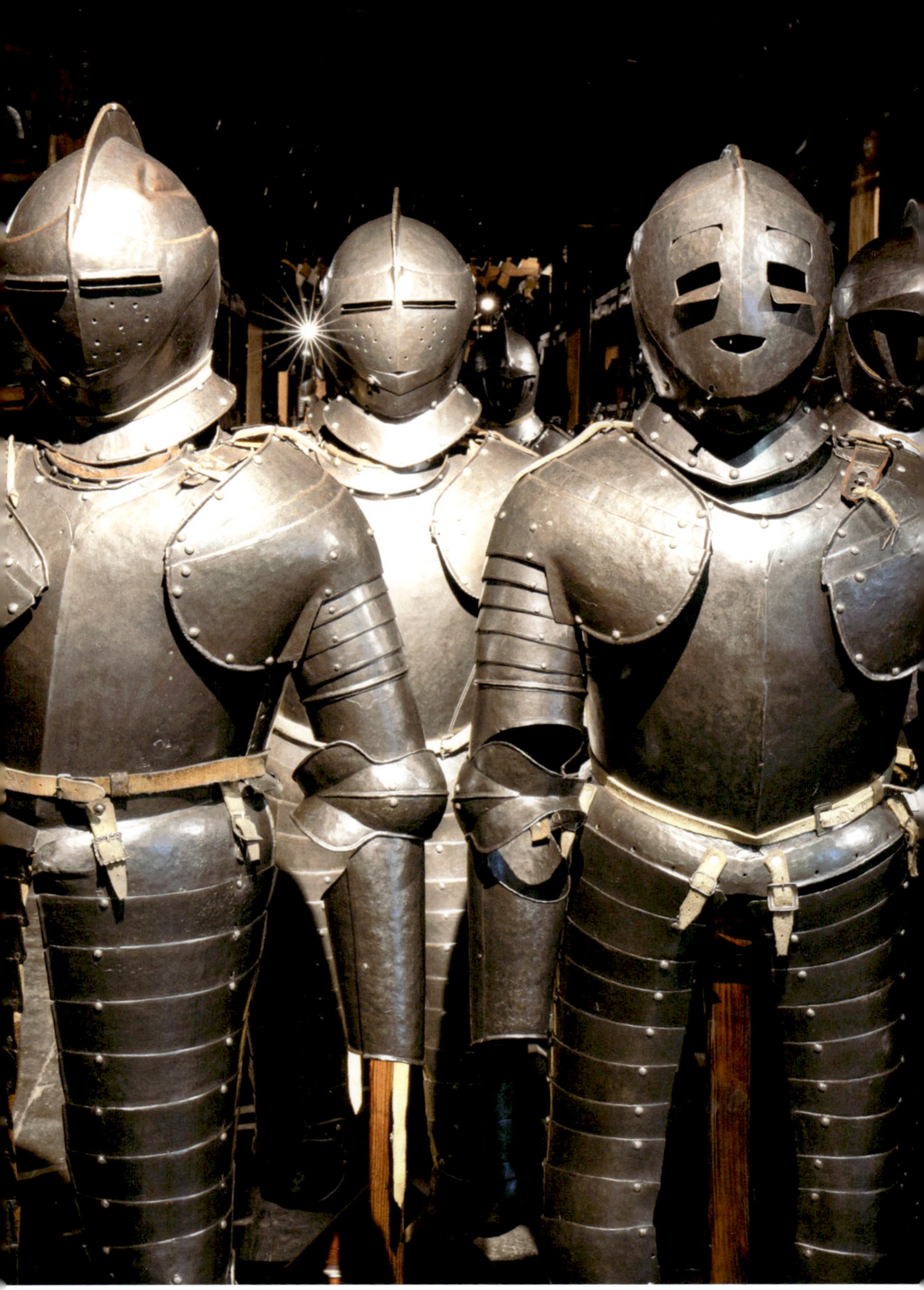

Adresse Landeszeughaus, Herrengasse 16, 8010 Graz, Tel. 0316/80179810 | Anfahrt in der Herrengasse, etwa in der Mitte zwischen Hauptplatz und Jakominiplatz, mit allen Straßenbahnen zu erreichen | Tipp Vor dem Eingang der Buchhandlung Moser am Eisernen Tor steht ein winziges denkmalgeschütztes Gebäude. Es enthält Souvenirs rund ums Steirische Kürbiskernöl und nennt sich »Ölbaron«.

43 Das Lauftext-Projekt

Kunstwerk über der Radetzkybrücke

Es gibt in Graz einen Straßenverlauf, der, wenn man den Worten auf dem Asphalt folgt, Maßloses schildert: »Scheiterhaufen – Vampyr – furchtbare Schmerzen«. Und bald versteht man: Hier wird ein Leidensweg skizziert und für die Ewigkeit festgehalten.

Wir blicken zurück auf den 9. November 1938. Der Grazer Oberrabbiner David Herzog wird des Nachts aus seiner Wohnung gezerrt, 800 Meter weit durch die Stadt geprügelt und bedroht. Auf der Radetzkybrücke soll er ins eiskalte Wasser gestoßen werden, zwei Frauen, die die brennende Synagoge betrachten, verhindern das. Es ist das erste Mal, dass Nationalsozialisten offen gegen Juden Gewalt ausüben, die Novemberpogrome sind eine organisierte Aktion im Nazireich.

Die in Wien lebende Künstlerin Catrin Bolt griff die Ereignisse auf und gestaltete 2013 eines der meistdiskutierten Kunstwerke der vergangenen Jahre in Graz. Mit einer Laufschrift zeichnete sie David Herzogs Leidensweg von dessen damaliger Wohnung bis zum Griesplatz auf den Gehsteigen nach. Sie machte damit nicht nur die Schrift zur Skulptur, sondern auch das Werk zum Politikum. Die Arbeit der Künstlerin verblasste bald zusehends, doch die damalige Stadtregierung weigerte sich, einer Renovierung zuzustimmen. 2021 wurde der Text – unter einer neuen Regierung – endlich restauriert.

Herzog war zur Zeit des Pogroms 69 Jahre alt, lehrte an der Karl-Franzens-Universität und war als Bürger der Stadt Graz geehrt worden. Er überlebte die Misshandlungen und wanderte mit seiner Frau im Jahr darauf nach England aus. Ein Sohn konnte sich nach Schweden retten, der zweite Sohn starb jedoch im KZ Sobibor. Dieses Kunstwerk ist ein Mahnmal, das nie vergessen lassen soll, was geschah. Die Israelitische Kultusgemeinde vermeldet indes in den letzten Jahren wieder einen bedenklichen Anstieg antisemitischer Übergriffe in österreichischen Städten.

Adresse Radetzkystraße 8, vorbei an der Synagoge bis zum Griesplatz, 8020 Graz; Infos beim Institut für Kunst im öffentlichen Raum unter Tel. 0316/80179265 | **Anfahrt** Parkmöglichkeiten am Grieskai; alternativ Bus 31, 32, 40, Haltestelle Österreichische Gesundheitskasse oder Wielandgasse-West | **Tipp** Ganz in der Nähe befindet sich der Augarten, eine der schönsten Parkanlagen von Graz.

44 Die Riesenvilla

Eine 1.800 Jahre alte Wohnanlage unter Flugzeugen

Wo heute Flugzeuge starten und landen, befand sich einst ein römisches Luxusanwesen, das prächtigste Haus in ganz Noricum. Dass die Villa ausgerechnet hier stand, hatte einen Grund: Die Örtlichkeit nahe den heutigen Gemeinden Kalsdorf und Feldkirchen bei Graz war schon damals ein wichtiger Verkehrsknotenpunkt.

Vor 1.800 Jahren zweigte hier die Straße nach Savaria (heute Szombathely) ab. Außerdem war man nur 20 römische Meilen von Flavia Solva (heute Leibnitz) entfernt. Dass in dieser Gegend Schätze unter der Erde liegen, hat man nicht erst kürzlich entdeckt, es existieren Berichte von Einheimischen aus dem 19. Jahrhundert, denen zufolge man immer wieder etwas gefunden hat. Erst 1937 wurden jedoch die ersten offiziellen Untersuchungen durch Walter Schmid vom Landesmuseum Joanneum durchgeführt.

Dieser kam schnell zur Erkenntnis, dass es sich bei dem Anwesen neben der Villa von Loig (Salzburg) um die bedeutendste Römervilla im gesamten Ostalpenraum handelt. Das Gebäude erstreckte sich über gut 160 Meter in Ost-West-Richtung und besaß rund 80 Repräsentations-, Wohn- und Wirtschaftsräume. Es gab Wandvertäfelungen, einen Badetrakt, Mosaike, Fußbodenheizung. Die Wissenschaftlerin Marianne Grubinger berichtete 1959, dass sogar »jedes Zimmer, ja jede Wand mit anderen Mustern bemalt war«. Besonders berühmt ist das beinahe vollständig erhaltene Bildnis einer Wachtel.

Heute ist man davon überzeugt, dass die Villa das Zentrum eines ausgedehnten Landsitzes war, dessen Bewohner wohl auch den Großteil des Grazer Feldes besaßen. 2007 wurden die nach den Grabungen 1937 wieder zugeschütteten Teile des Anwesens mit Georadarmessungen digital gescannt, dadurch konnte auch bewiesen werden, dass große Teile des Anwesens unter der Erde versteckt beziehungsweise geschützt sind. An der Oberfläche existiert heute nur eine kleine Ausstellung im Ankunftsbereich des Flughafens.

Adresse Flughafen Graz, 8073 Feldkirchen, Tel. 0316/2902172 | Anfahrt auf der Flughafenstraße B67 direkt zum Thalerhof; alternativ Bus 620, 630 sowie S5, Haltestelle Flughafen Graz/Feldkirchen Bahnhof, von dort etwa 10 Minuten zu Fuß | Öffnungszeiten jederzeit zugänglich | Tipp Die Schotterteiche »Schwarzl Freizeitzentrum« sowie »Copacabana« sind beliebte Naherholungsgebiete in Flughafennähe.

45__Die Ruine Gösting

Der Zustand der Burg lässt das Herz bluten

Die etwas älteren Semester in Graz kennen die Ruine Gösting in- und auswendig. Als Kinder sind wir dort herumgekraxelt, in der rudimentären Taverne, die keinen Strom hatte, gab es immer etwas zu trinken und eine Kleinigkeit zu essen, und die Sage um den Jungfernsprung hat stets aufs Neue fasziniert.

Kurz zur Erinnerung: Das arme Burgfräulein wollte den Mann, den ihr der Vater ausgesucht hatte, nicht heiraten. Stattdessen liebte sie einen anderen. Die beiden Männer vereinbarten ein Duell. Der Sieger sollte ihr Gemahl werden, und natürlich gewann der falsche Kerl. Das Mädchen lief davon, hetzte auf den Felsen zu und stürzte sich in die Tiefe. Daraufhin nahm sich auch der Vater das Leben, und seither ist die Burg verwaist, wird immer mehr zur Ruine, und der Todesfelsen wird »Jungfernsprung« genannt.

Die Wahrheit ist eine andere, aber nicht minder bitter. Die Burg wurde im 11. Jahrhundert erbaut und im 15. Jahrhundert zur Festung ausgeweitet. Am 10. Juli 1723 schlug ein Blitz ins Gemäuer ein, das zu diesem Zeitpunkt das Pulverlager von Graz beherbergte. Die Trümmer wurden nie wieder zu altem Glanz aufgebaut. Verzweifelt versuchte ein 1925 gegründeter Burgverein, das Areal zu schützen und abzusichern. 1999 übernahm die Bäckerfamilie Hubert Auer das mittelalterliche Terrain und die Wälder rundherum. Weingärten wurden errichtet, der Wald wurde gerodet, dann gab die Betreiberin der Gaststätte aus gesundheitlichen Gründen auf. Das Burgareal wurde für Besucher gesperrt, nach dem Einsturz eines Teils der Ringmauer waren sogar die Wege rund um die Ruine geschlossen.

2021 übernahm die Stadt Graz die Pacht der Burg, seit 2022 sind die Wege wieder geöffnet, und es finden geführte Touren statt. So uneingeschränkt wie früher ist die Ruine Gösting also nicht mehr zu erleben. Das zauberhafte Areal bleibt der Stoff der Älteren. Und die Jüngeren können es kaum glauben. Als wär's ein verwunschener Ort.

Adresse Ruinenweg 50, 8051 Graz | Anfahrt Bus 40, Haltestelle Endstation Gösting, von dort steiler, zunächst asphaltierter Weg hinauf zur Ruine, diesem bis zum »Betreten-verboten«-Schild folgen | Tipp Von der Ruine Gösting führt ein Wanderweg bis Thal oder zum Schloss Plankenwarth und von dort jeweils weiter auf den Weststeirischen Jakobsweg.

46 Das Schlüsselmuseum

Das geheimnisvollste Objekt des Museums

Was ist ein Witwerschlüssel? Woher stammt der Keuschheitsgürtel? Warum gibt es versperrbare silberne Zuckerdosen? Und was hat ein knurrender Hund in einer Truhe zu schaffen? Mit diesen einleitenden Worten macht ein ganz besonderes Privatmuseum in Graz auf sich aufmerksam: das Schlüsselmuseum am Lendplatz. Es birgt zahlreiche Schätze der Schmiedekunst – Truhen, Verzierungen und natürlich jede Menge Schlüssel. Ein besonderes Exemplar ist der sogenannte Chimärenschlüssel, eine Stahlschnittkunst mit mythologischem Hintergrund.

Über die Chimäre aus der griechischen Mythologie gibt es viele Geschichten. Sie war ein dreiköpfiges Untier aus Ziege, Schlange und Löwe, ein Monster, das in der heutigen Türkei sein Unwesen getrieben haben soll. Getötet wurde Chimära schließlich von Bellerophon, dem »Töter des Belleros«, einem Enkel des Sisyphos. Doch seine Heldentat blieb weitgehend ohne Ruhm, denn Bellerophon wollte auch auf den Olymp fliegen, was Zeus erzürnte. Bellerophon stürzte vom Pferd und wandelte fortan als Krüppel unerkannt durch die Welt. Weil man aber stets Zweifel an der Geschichte hegte, bezeichnet man heute noch Trugbilder als Chimären.

Das Objekt im Schlüsselmuseum ist aber kein Trugbild. Die auf dem Schlüssel zu sehende Chimäre ist ein französischer Stahlschnitt aus dem 17. Jahrhundert. Das Faible für Eisen aller Art geht übrigens auf den Museumsgründer Hanns Schell zurück. Der Alpinist – ihm gelang etwa die Erstbesteigung des Nanga Parbat (8.125 Meter) auf einer noch nie begangenen Route – mehrte die Sammlung auf seinen Reisen. In seinem Privatmuseum, der »Schell Collection«, befinden sich 13.000 Exponate, die nicht nur technisch erklärt werden, sondern auch deren Geschichte(n). Die Objekte umfassen die Zeitspanne von der Antike bis ins 19. Jahrhundert, Spezialthemen werden in alternierenden Sonderausstellungen präsentiert.

Adresse Wiener Straße 10, 8020 Graz, Tel. 0316/766177 | Anfahrt Parkmöglichkeiten an der Wiener Straße, Zugang zum Museum über den Durchgang zwischen Hausnummer 8 und 10a | Öffnungszeiten Mo, Di, Do, Fr 10–16.30 Uhr, Mi 10–18.30 Uhr | Tipp Der benachbarte Lendplatz gehört zu den hippsten Zentren der Stadt und ist vor allem Nachtschwärmern zu empfehlen.

47 Die Tafel vor dem Landhaus

»Rumoren und Schlagen« verboten

Natürlich ist es eines der wichtigsten Gebäude der Steiermark. Hier tagt schließlich der Steiermärkische Landtag, im Innenhof zergeht alljährlich die Eiskrippe, und auch sonst finden hier zahlreiche Veranstaltungen statt. Die Grazer sind stolz auf das Haus, markiert es doch den Beginn des Renaissancebaus in der Stadt. Das Landhaus zeugt aber auch von einer kriegerischen Zeit voller Auseinandersetzungen. Das ist allein schon an der Tafel sichtbar, die rechts von der Eingangspforte in der Herrengasse angebracht ist. »Rumoren und Schlagen« sei verboten, steht da, ein Hinweis, der deutlich macht, dass es seinerzeit bei den Wortgefechten mitunter auch schon einmal schlagkräftig zuging.

Dazu muss man wissen, dass in den Anfangsjahren die hochwohlgeborenen Herren direkten Zugang zu den Waffen der Stadt hatten, denn das heutige Zeughaus in der Nachbarschaft wurde erst später gebaut.

Doch lassen wir die Auseinandersetzungen außer Acht. 1494 erwarben die Landstände in der damaligen Bürgergasse (heute Herrengasse) ein Haus, richteten eine Kanzlei und eine Marienkapelle ein, und schon wenige Jahrzehnte später musste der Bau vergrößert werden. Dass auch das Zeughaus heute zu den bedeutendsten Renaissancebauten Mitteleuropas zählt, ist dem Architekten Domenico dell'Allio zu verdanken, der in Graz intensiv wirkte. Er hat den Haupttrakt 1557 entworfen.

Aber es gab auch Zeiten, in denen die Anerkennung und der Stolz bei Teilen der Bevölkerung spärlich waren. Zum Beispiel in der Phase der Reformation und der daraus resultierenden Gegenreformation, im Dreißigjährigen Krieg und dem Glaubenskampf zwischen Katholiken und Protestanten im 16. Jahrhundert. Die Landstände waren protestantisch und standen im argen Widerstreit mit der Grazer Burg, in der etwa Erzherzöge wie Karl II. (1540–1590) regierten, die bekannt dafür waren, strenge Katholiken zu sein.

Adresse Herrengasse 16, 8010 Graz | Anfahrt in der Herrengasse, etwa in der Mitte zwischen Jakominiplatz und Hauptplatz, mit allen Straßenbahnen zu erreichen | Öffnungszeiten Führungen Mo–Do 8–15 Uhr sowie Fr 8–12 Uhr, Infos unter Tel. 0316/8772197 | Tipp Wer schon einmal hier war, wird es wissen: Die Herrengasse lädt wunderbar zum Flanieren ein.

48 Die verfallende Talstation

Ein Sessellift als Lost Place der Landeshauptstadt

Der Bezirk Gösting wird an seiner Westflanke von einer Erhebung umrahmt, die man »Plabutsch« nennt. Von 1954 bis 1971 gab es für den mitunter recht steilen Aufstieg zu dessen Aussichtswarte »Fürstenstand« Unterstützung in Form eines Einer-Sessellifts. Bis zu seiner Stilllegung nutzten ihn 1,1 Millionen Fahrgäste. Warum also wurde die Attraktion nicht weitergeführt?

Am 1. Mai 1854 um 10 Uhr, als der erste Sessel der Anlage offiziell eingeweiht wurde, führte noch die Straßenbahn 3 direkt hierher. Allein am ersten Wochenende nutzten 2.000 Fahrgäste die rasche Fahrt auf den Plabutsch. Aber es gab schon früh Probleme. 1956 kam es zu einem Unfall wegen Bremsversagens mit dramatischen Folgen. Eine Person starb, zehn wurden schwer verletzt. Keine Frage, dass die Anlage technisch überholt werden musste, und dann änderte sich auch noch das Freizeitverhalten der Menschen rapide. Viele bevorzugten entlegenere Erholungsgebiete.

Dazu kam, dass der Fürstenstand – ihm wurde in den 1960er Jahren auch ein Hotel »zur Seite gestellt« – nur über eine sehr baufällige Straße zu erreichen war. Fazit: Der Pächter kündigte, der Besitzer erhielt keine Unterstützung von Stadt und Land für den Ausbau der Straße, und ohne Ausflugsziel am Gipfel machte auch ein Sessellift keinen Sinn mehr. 1971 kam das Ende.

Zehn Jahre später wurde die Straße erneuert, das Hotel und das Restaurant wurden wiedereröffnet, nur für den Sessellift fehlte das Geld. So wurde die Anlage endgültig abgebaut und eingemottet, bis heute existiert nur noch die Talstation – als verwitterter architektonischer Zeitzeuge, als »Lost Place« eben.

In jüngster Zeit rückte ein Neubau des Lifts wieder in die politischen Debatten. 2018 stand das Projekt einer Gondelbahn im Raum. Die Coronapandemie machte jedoch alle Pläne zunichte, sie landeten 2020 in einer Schublade. Vorläufig.

Adresse Marktannerweg 11b, 8051 Graz | Anfahrt Bus 40, Haltestelle Volksschule Gösting, etwa 10 Minuten zum Marktannerweg, Ruine der einstigen Talstation bereits nach ein paar Metern im Wald sichtbar | Tipp Fünf Autominuten entfernt befindet sich die »Auster«, das größte Freibad von Graz.

49 Die Notgasse

Die geheimnisvolle Klamm am Stoderzinken

Jahrhundertelang stiegen Säumer, Almleute, aber wohl auch Schmuggler und Wilderer durch diese felsige Klamm. Sie ist die kürzeste Verbindung zwischen Gröbming und Bad Aussee oder Hallstatt. Die Schlucht ist bis zu 60 Meter tief und nur zwei bis sechs Meter breit. Im Laufe der Zeit ritzten die Menschen Zeichnungen oder ihre Namen ins Gestein, seit den 1960er Jahren sind es aber auch die Kritzeleien von Touristen, die die jahrhundertealten Zeichen überlagern. Die Rede ist von der »Notgasse« am Fuße des Stoderzinkens, über die man von Gröbming in die höher gelegenen Almen kommt.

Die Schlucht mutet mystisch an, ist heute wegen der beeindruckenden Zeichnungen Teil des UNESCO-Welterbes Hallstatt-Dachstein/Salzkammergut, wurde aber schon 1902 vom Bergführer Josef Steiner beschrieben. Er berichtete von einer »schauerlichen Felsschlucht, die bereits in Zeiten der Römer als Saumweg und später den Salzschwärzern als Steig gedient« habe. Jüngeren Forschungen zufolge dürften die Ritzungen zwar eher aus der Zeit des Hoch- und Spätmittelalters beziehungsweise aus der Neuzeit stammen, sehenswert sind sie aber allemal. Im Jahr 2012 wurde deshalb der Verein ANISA gegründet, der sich mit ihrer Erforschung beschäftigt.

Der Name »Not« stammt übrigens von dem keltischen Wort »hnod«, das so viel wie »heiliges Feuer« bedeutet. Zu sehen sind in der Schlucht sowohl bodennahe als auch übermannshohe Zeichnungen – einerseits, weil sich durch Sedimente im Laufe der Zeit der Boden erhöht hat, und andererseits, weil manche Zeichnungen wohl bei hoher Schneelage angebracht wurden. Es gibt auch Zeichnungen, die klar zugeordnet werden können, etwa jene des Großbauern Johann Schröfl aus dem Jahr 1751, der seine Ackergeräte im Gestein darstellte.

Die Schlucht wurde in den 1970er Jahren gesperrt und ist heute bei Führungen des Vereins ANISA ab der Brünnerhütte am Stoderzinken zugänglich.

Adresse 8962 Gröbming; Koordinaten: 47.45960741795908, 13.829200443276362 | Anfahrt über die B320 zur Dr.-Franz-Xaver-Mayr-Straße 251 in Gröbming (hier auch Ausstellung zu den Felszeichnungen), auf der Riesgasse über Lechnerwiese und Brandalm in Richtung Südwesten zur Schildenwangalm | Tipp Der Stoderzinken eignet sich auch wunderbar für eine Wanderung in der Morgendämmerung. Das beeindruckende Naturschauspiel sollte man sich nicht entgehen lassen, wenn man in der Nähe ist.

50 Die Fresken im Karner

Geheimnisvolle Zeichen aus der Stauferzeit

Die Staufer gelten als eines der bedeutendsten Herrschergeschlechter des Hochmittelalters. Ein kunsthistorisches Relikt jener Zeit findet sich etwa im Karner von Hartberg. Der spätromanische Bau stammt laut einer Inschrift über dem Portal aus dem Jahr 1167. Darüber, was die Fresken an seinen Wänden darstellen, ist sich die Wissenschaft allerdings seit mehr als einem Jahrhundert uneinig.

Begonnen hat alles damit, dass in den Jahren 1889 bis 1894 der Karner renoviert wurde. Restaurator Theophil Melicher hat damals Fresken freigelegt. Da diese unvollständig waren, hat er einfach künstlerische Elemente hinzugefügt. Seither schwelt ein wissenschaftlicher Diskurs darüber, was denn eigentlich auf dem Original zu sehen gewesen und wie die Symbolik dahinter zu verstehen sei. Sepp Walter etwa vertritt die Ansicht, dass es sich bei den Fresken um die älteste Darstellung der sieben Hauptsünden in der Ikonografie des christlichen Mittelalters handele: Hoffart, Geiz, Unkeuschheit, Neid, Unmäßigkeit, Zorn und Trägheit.

Elga Lanc allerdings führt aus, dass nur die Fresken eins bis vier zum Originalbestand gehörten, die Fresken fünf bis sieben dagegen von Melicher stammten. Die Siebenzahl habe sich also nur durch dessen Ergänzungen ergeben, weder Text- noch Bildbelege existierten. Zuletzt präsentierte Ana Krevelj 2019 eine Gegenüberstellung der Karnerfresken mit einem Pergamentblatt aus der Salzburger Erzabtei St. Peter. Dieses zeigt Federzeichnungen, welche die Apokalypse nach Johannes und die vier Könige aus der Vision des Propheten Daniel illustrieren. Das Blatt dürfte um 1230 entstanden sein – und könnte somit eine mögliche Quelle der Inspiration für den Künstler gewesen sein.

Gesichert ist in jedem Fall, dass der romanische Karner in Hartberg zu den bedeutendsten kunsthistorischen Zeugnissen aus der Stauferzeit in Österreich gehört.

Adresse Pfarre Hartberg, Hauptplatz 11, 8230 Hartberg, Tel. 03332/62279 | Anfahrt über die A2 (Südautobahn) nach Hartberg; alternativ Bus X31, Haltestelle Hartberg Busbahnhof | Öffnungszeiten tagsüber zugänglich | Tipp In der Nähe befindet sich die Stadtpfarrkirche Hartberg. Sie steht auf den Fundamenten eines römischen Bauwerks aus der Zeit um 200 nach Christus und wurde 1157 erstmals erwähnt. Besonders zu beachten ist der spätbarocke Turmhelm.

51 Das Schloss Hainfeld

Eine Schriftstellerin im Harem

Als im Frühling 1952 zwei ältere Herrschaften Schloss Hainfeld bezogen, ahnten die wenigsten, dass es sich dabei um ein einst schillerndes Paar handelte. Djavidan Hanum und Simon Kulatschkoff galten als Mitglieder des Jetsets. Besonders Djavidan war eine der faszinierendsten Persönlichkeiten des 20. Jahrhunderts. Als Tochter ungarischer Adeliger kam sie 1877 in Philadelphia als May Gräfin Török von Szendrő zur Welt. Nach der Trennung ihrer Eltern wuchs sie bei Theodor Puskás auf, der Europabeauftragter von Thomas Alva Edison war und hier den Bau von Telefonen antrieb. So führte sie schon früh ein Leben zwischen Paris, Budapest, Wien, London – und Schloss Waasen bei Graz.

Das Schloss, das heute unbewohnt ist, war im 12. Jahrhundert der Ansitz von Rittern. Ein gewisser Otto von Waasen scheint 1208 als Besitzer auf, die namensgebende Familie der Burg dürfte aber 1370 ausgestorben sein. Mitte des 20. Jahrhunderts war das Anwesen längst dem Verfall preisgegeben, und als die junge May hier lebte, muss es wohl eher einem wildromantischen Märchenschloss geähnelt haben. Doch May zog es ohnehin bald wieder in die Welt hinaus.

Im Alter von 23 Jahren traf sie in Paris den ägyptischen Vizekönig Abbas Hilmi. May trat zum islamischen Glauben über, die beiden heirateten, und aus May Gräfin Török wurde Djanan Djavidan. Doch das Leben als Prinzessin im Harem entpuppte sich als Alptraum, die beiden trennten sich wieder, und Djavidan schrieb 1930 das Buch »Harem«. Und sie lernte den desertierten zaristischen Offizier Simon Kulatschkoff kennen.

1952 kamen die beiden in die Steiermark, verbrachten zwei Jahre im Schloss Hainfeld, ehe sie nach Graz zogen. Prinzessin Hanum starb mit 92 Jahren am 5. August 1968 in Graz. An der Wand ihres letzten Wohnhauses (Wittekweg 7) wurde 2003 eine Tafel errichtet. Auf dieser wird sie als »Weltbürgerin in Graz« bezeichnet.

Adresse Schloss Waasen 1, 8081 Heiligenkreuz am Waasen | Anfahrt auf der A9 bis zur Ausfahrt Kalsdorf, durch die Ortsteile Fernitz und Mellach bis zur L371, Schloss am Straßenrand | Öffnungszeiten nur von außen zu besichtigen | Tipp Die prähistorische Siedlung Farching im Hartlbachtal befand sich östlich der Dillachhöhe, wo heute Acker- und Wiesenflächen liegen.

52__Das Geisterhaus Altenberg

Ein bildhübsches Anwesen mit schauriger Anekdote

Zwischen Hitzendorf und dessen Ortsteil Berndorf befindet sich ein Hügelkamm, auf dem das barocke Schloss Altenberg inmitten eines prächtigen Schlossparks steht. Das Anwesen gehört neben den Schlössern Tausendlust, Schütting und Reiteregg zu einer Reihe von sehenswerten Anlagen in dieser Gemeinde.

Die Geschichte von Altenberg ist bis ins 16. Jahrhundert dokumentiert. Das einstige Bauerngut wurde gegen Ende des 17. Jahrhunderts von Franz Anton von Haydegg gekauft. Er war es, der die vier Erkertürme errichten ließ und das Anwesen zu einem barocken Schloss ausbaute. Doch schon 1740 wurde das Schloss verkauft, die Besitzer wechselten nun häufig, bis es 1790 von dem Niederösterreicher Anton Schellenbauer erworben wurde. Um ihn, der nicht nur reich war und 1794 zum Ritter geschlagen wurde, ranken sich zahlreiche Mythen.

Eine Sage brannte sich bis in die Gegenwart ein, denn der Gutsbesitzer soll so grausam zu seinen Leibeigenen gewesen sein, dass diese sich gegen ihn zur Wehr setzten. Verzweifelt versteckte er sich daraufhin, indem er sich einmauern ließ. Eine Magd verriet ihn jedoch, die Bauern holten ihn heraus und vierteilten ihn im Schlosspark: Sie banden ihn an vier Ochsen und trieben diese auseinander. Man sagt, dass Schellenbauers Geist in stürmischen Nächten ums Schloss wandle. Die Wahrheit hinter der Legende ist aber weitaus profaner: Schellenbauer wurde 1817 wegen Betrugs verhaftet und eingesperrt. Ihm wurden sämtliche Adelstitel aberkannt, und er starb 1829 im Gefängnis.

Seither wechselte das Schloss wieder häufig den Besitzer, war während des Zweiten Weltkriegs Unterkunft für Zwangsarbeiter und wurde in den 1960er Jahren als »Gastschloss« geführt. Es soll zu dieser Zeit ein beliebter Treffpunkt der Grazer High Society gewesen sein. 1976 wurde es renoviert, seitdem befindet es sich in Privatbesitz.

Adresse Altenberg, 8151 Hitzendorf | Anfahrt über die Steinbergstraße beziehungsweise über Luttengraben und Rohrbach nach Hitzendorf; alternativ Bus 710, 712 von Graz nach Hitzendorf | Öffnungszeiten in Privatbesitz, nur aus der Ferne zu betrachten | Tipp In der Nähe liegt das Schloss Tausendlust aus dem 16. Jahrhundert. Es ist zwar ebenfalls in Privatbesitz, es finden aber immer wieder kulturelle Veranstaltungen statt.

53 Das kleine Österreich

»Österreich« ist eine Anomalie aus Hitzendorf

Österreich ist ein kleines Land, aber so klein? Wanderer auf dem Weg von Graz gen Westen, die Hitzendorf durchstreifen und Richtung Stallhofen gehen, wundern sich nicht schlecht. Sie durchschreiten einen Hof, und plötzlich läutet ein Hausbewohner seine private Glocke. »Zur Begrüßung!«, ruft er. Schließlich spazieren die Wanderer gerade durch eine der Hauptverkehrsrouten in Österreich – den Grazer Umlandwanderweg.

Österreich im Westen von Graz besteht aus gerade einmal vier Gehöften mit zwölf Einwohnern (Stand 2023), ist 25 Hektar groß und kann in 30 Minuten umrundet werden. Es gilt aber als einer der ältesten Ortsteile Österreichs (des großen diesmal). Bereits im 17. Jahrhundert wurde hier Wein angebaut, den nannte man seinerzeit »Österreichisch Weiß«, und er wurde als »zart und elegant im Duft« beschrieben.

Seit 1922 der gesamte Bestand von Rebläusen vernichtet wurde, geriet die Sorte jedoch in Vergessenheit. Selbst als sie in den 1980er Jahren im Burgenland wiederentdeckt wurde, war das kaum einen Zeitungsartikel wert. Stefan Erdt aus Großhöflein ließ 1986 seinen Wein auf dessen ursprüngliche Herkunft untersuchen, es dauerte aber bis zum Jahr 2014, bis die Hitzendorfer Kirchenwirtin Ilse Pötscher auf diese Rebsorte aufmerksam wurde. Ihr Sinn für Marketing war geweckt, und sie traf eine folgenschwere Entscheidung: Sie sicherte sich die Rechte an der Sorte und bietet den Wein seither exklusiv in ihrem Wirtshaus an. Der in der Region bekannte Künstler Robert Wilfing entwarf das Etikett, und seit einiger Zeit gibt es auch Versuche, die alte Rebsorte wieder im ursprünglichen Ortsteil Österreich anzubauen. Auf dem Grundstück von Frieda und Günter Schwarz – ihnen gehört auch die eingangs erwähnte Kapelle – wurden 70 Rebstöcke gesetzt, 2024 soll daraus der erste original Hitzendorfer »Österreichisch-Weiß«-Wein seit mehr als 100 Jahren werden.

Adresse Kirchenwirt, Hitzendorf 6, 8151 Hitzendorf, Tel. 03137/20061, www.kirchenwirt-hitzendorf.at | Anfahrt über die Steinbergstraße beziehungsweise über Luttengraben und Rohrbach nach Hitzendorf; alternativ Bus 710 und 712 von Graz nach Hitzendorf | Tipp Eine acht Kilometer lange Wanderroute führt sowohl durch den Ortsteil Österreich als auch zum Kirchenwirt. Dort wird eine TV-Doku samt Führung durch den ältesten Weinkeller von Hitzendorf geboten. In dem 1492 gebauten Keller gibt's dann – auf Anfrage – auch eine Weinverkostung.

54 Die alte Römerstraße

Durch die kleinste Gemeinde der Steiermark

Mit 382 Einwohnern (Stand Jänner 2023) ist Hohentauern die kleinste Gemeinde der Steiermark. Das Dorf im Murtal hat jedoch viel zu erzählen. Die Römerstraße von Virunum (Zollfeld) nach Ovilava (Wels), die Teil der Via Norica von Aquileia in den Donauraum war, führte durch diesen Ort. Diese Straßenverbindung bestand bereits bei den Tauriskern, die vom 3. bis zum 1. Jahrhundert vor Christus als keltischer Stammesverband am Ostalpenrand lebten. Man geht davon aus, dass diese Bevölkerungsgruppe jene Alpler waren, die im Jahr 113 vor Christus die Römer um Hilfe riefen, als die germanischen Stämme der Ambronen, Teutonen und Kimbern anrückten. Es kam danach zur legendären Schlacht von Noreia, bei der die Römer eine katastrophale Niederlage einstecken mussten.

Die alte Römerstraße durch Hohentauern ist teilweise heute noch zu sehen. Auch wenn die genaue Lage nicht bekannt ist, geht man davon aus, dass sich die Poststation Tartursanis, die in dem historischen Dokument »Tabula Peutingeriana« genannt wird, in den »hohen« Tauern befunden hat. Andere Forscher sind der Meinung, diese Poststation könnte auch in Mautern oder Donnersbach gelegen haben. Wie auch immer, diese »Tabula Peutingeriana« wird auch »Peutingersche Tafel« genannt – es handelt sich dabei um eine kartografische Darstellung des römischen Straßennetzes im spätrömischen Reich. Sie wird in der Österreichischen Nationalbibliothek in Wien aufbewahrt und ist nach dem Augsburger Gelehrten Konrad Peutinger (1465–1547) benannt, der sie 1507 erstanden hat – von einem Kaufmann aus Wien.

Ab dem 14. Jahrhundert war Hohentauern ein Labepunkt für die Säumer. Die Region wurde im 19. Jahrhundert ein bedeutendes Bergbaugebiet für Magnesit, Chlorit und Grafit. Dieser Industriezweig wurde jedoch zu Beginn der 1990er Jahre weitgehend eingestellt. Heute ist die Gemeinde auch als Wintersportort bekannt.

Adresse Naturerlebnispark Betriebs GmbH, Tauernstraße 39b, 8785 Hohentauern | **Anfahrt** von der A9 (Pyhrnautobahn) bei Trieben auf die L713 und B114 (Tauernstraße) abbiegen; alternativ mit dem Railjet nach Bruck, dort in die S4 umsteigen und bei St. Michael in den Regionalbus nach Hohentauern | **Tipp** Das Pfahlbaudorf Hohentauern bietet Einblick in die Zeit der Kelten (Infos unter Tel. 03618/2040).

55 Der Sternenturm

Das höchste Planetarium Österreichs

Das Wahrzeichen von Judenburg ist der höchste frei stehende Stadtturm Österreichs. Er entstand im 15. Jahrhundert als Glockenturm für die Stadtpfarrkirche St. Nikolaus, die keinen eigenen Kirchturm besaß. Der Turm diente aber auch als Wachturm, um die Brandgefahr einzudämmen und Feuer früher melden zu können.

Seine heutige Bekanntheit verdankt er jedoch einer viel jüngeren Entwicklung, denn in 75 Metern Höhe befindet sich das höchste Planetarium der Welt und eines der zehn modernsten Kleinplanetarien Europas. Mit speziellen High-Tech-Filmvorführungen werden die Besucherinnen und Besucher in ferne Galaxien und zu schwarzen Löchern geführt. Die 3-D-Filme im Kuppelturm reichen dabei vom kindertauglichen »Zauberriff« über die »Pink-Floyd-Musikshow« bis zum »Geheimnis der Bäume« oder dem »Sprung ins All«, der die Geschichte der Raumfahrt beleuchtet. Mehr als 7.000 Sterne, Milchstraßen und Galaxien werden hier dargestellt und erklärt.

Außerdem wird mitunter am Rad der Zeit gedreht, denn in einem Planetarium wird ein Sternenhimmel künstlich erzeugt und nicht durch ein Teleskop betrachtet. Das heißt, mittels digitaler Technologie ist es möglich, das Himmelsgeschehen und die Bahnbewegungen der Planeten im Schnelldurchlauf anschaulich und verständlich zu machen, ein bisschen Star Trek-Atmosphäre wird also mitgeliefert.

In die Kuppel gelangt man über einen spektakulären Glasbodenlift oder, etwas sportlicher, über 254 Stufen, wobei ganz oben, in 42 Metern Höhe, ein kleines Kaffeehaus als Belohnung wartet und einen beeindruckenden Ausblick übers Murtal bietet. Die Weltraum-Action im Kuppelturm wurde mittlerweile zum absoluten Highlight in der Region. Neben den spektakulären Filmvorführungen wird auch Wissensvermittlung durch geschultes Personal geboten sowie eine kleine Zeitreise, die vom Strettweger Kultwagen über den Bau des Stadtturms bis zur Türmerstube im 20. Jahrhundert reicht.

Adresse Kirchplatz 1, 8750 Judenburg, www.sternenturm.at | Anfahrt auf der S36 bis zur Ausfahrt Judenburg-Ost/Fohnsdorf, von dort auf der B77 nach Judenburg, Stadtturm im Zentrum; alternativ S8 bis Friesach, dann weiter mit Bus 1 nach Judenburg | Öffnungszeiten jeweils eine halbe Stunde vor Beginn der ersten Vorführung bis 17.30 Uhr; Spielplan siehe Website | Tipp Das kleine Theater der Kunst- und Kulturwerkstätte Judenburg ist ein Geheimtipp.

56 Die Sunfixlhöhle

Früher Schleifsteinbruch, heute beliebter Wanderweg

Die gesamte Region Voitsberg war einst ein Zentrum des Bergbaus rund um Graz. Der Ortsteil Kohlschwarz in der heutigen Gemeinde Kainach bei Voitsberg hat immer noch eine wirklich einzigartige Attraktion zu bieten: eine montanhistorische Zeitreise.

Die Geschichte des Bergbaus in der Region füllt ohnehin Bücher, die Sunfixlhöhle auf dem Hemmerberg ist jedoch etwas ganz Besonderes. Der weitläufige Zugang verläuft über das sogenannte »Mundloch«. 1937 verschloss ihn ein Felssturz, seit 1991 ist er aber wieder geöffnet. Zehn Jahre später hat man sogar einen montanhistorischen Wanderweg eingerichtet und somit gewissermaßen eine Nachnutzung der einstigen Einnahmequelle geschaffen. Zahlreiche bildhafte Erklärungen auf der meist ebenen Route versetzen die Besucher in eine andere Zeit und verraten viel über Abbautechniken und das Leben der Knappen von damals.

In der Sunfixlhöhle wurden seit dem 13. Jahrhundert Schleifsteine aus Sandstein abgebaut. Meist wurden diese im Tagabbau gewonnen, die Sunfixlhöhle stellt dabei aber eine Ausnahme dar. Diese Schleifsteine waren für die Gradenberger Eisen- und Sensenhammerwerke bestimmt – zum Abtransport mussten damals vier bis sechs Ochsen vorgespannt werden, nachdem man die tonnenschweren Steine mittels »Steinschleifen« (Schlitten) und »Riesn« (Transportrinnen) ins Tal befördert hatte. Erhalten geblieben ist bis heute ein »Bestellbuch für Schleifsteine«, welches für den Zeitraum von 19 Jahren einen Überblick über Kundenwünsche und Lieferdaten gibt. Geliefert wurden die begehrten Objekte damals etwa nach Niederrösterreich, Bruck an der Mur, ja sogar bis nach Monfalcone bei Triest.

Am 4. Dezember jedes Jahres findet in der Sunfixlhöhle ein feierlicher Gottesdienst mit Rahmenprogramm statt – es handelt sich schließlich um den Namenstag der heiligen Barbara, der Schutzpatronin der Bergleute.

Adresse Hemmerberg 36a, 8573 Kainach bei Voitsberg | Anfahrt über die B70 und die L341 nach Afling, der Beschilderung bis zum großen Parkplatz Sunfixlhöhle folgen | Öffnungszeiten Anmeldung für die Besichtigung der Höhle sowie für eine Werkschau des Ehepaars Prehal unter Tel. 03148/23174 | Tipp In der Nähe (beim Reinthalerhof) befindet sich der Sunfixl-Heurige. Allerdings war die Gemeinde bis Redaktionsschluss immer noch auf der Suche nach einem Pächter.

57 Das Weinmuseum

In Europas höchstgelegener Weinbauortschaft

Der Wein gehört zur steirischen USP wie das Kernöl und der Apfel. Die Südsteiermark wird auch »Steirische Toskana« genannt. Einen Betrieb aus den rund 3.800 Winzern herauszupicken ist nicht möglich, also stellen wir Europas höchstgelegenen Weinbauort vor, das idyllische, 564 Meter über der Adria gelegene Kitzeck im Sausal.

Mit fast 1.200 Einwohnern, einer Vielzahl an Buschenschänken und Weinbaubetrieben sowie einem Weinmuseum gehört der Ort zu den bekanntesten in dieser Region. Das 1979 eröffnete Museum befindet sich in einem Winzerhaus aus dem 18. Jahrhundert. Hier sind Gerätschaften zu bewundern, die seit rund einem Jahrtausend für die Kultivierung des Weinbaus und der Kellerwirtschaft verwendet wurden, aber auch das bäuerliche Leben schildern – insgesamt sind mehr als 1.000 Objekte ausgestellt. Das Museum spart allerdings auch nicht mit Geschichten rund um die Ortschaft Kitzeck.

Zu großer Bekanntheit haben es etwa auch die Séancen und spirituellen Riten der Maria Silbert (1866–1936) gebracht. Bei ihren spiritistischen Sitzungen kam es angeblich zu geisterhaften Erscheinungen. Silbert war überaus erfolgreich, reiste nach London, machte Vorhersagen über militärische Ereignisse. Später wurde entdeckt, dass die Sitzungstische der Maria Silbert mit Sprungfedern ausgestattet waren, die sie zum Springen und Tanzen brachten. Maria Silbert zog sich in den letzten Lebensjahren weitgehend aus der Öffentlichkeit zurück.

Zurück zum Wein: Die Hänge sind hier in Kitzeck extrem steil und nur mit Spezialfahrzeugen zu bewirtschaften. Die Rebfläche beträgt rund 130 Hektar, die Hauptsorten sind Welschriesling, Sauvignon Blanc, Weißburgunder, Morillon und Muskateller. Beim Trinken sollte aber Maß gehalten werden, schließlich ist es kein Geheimnis, dass auch bei überbordendem Alkoholkonsum Geistererscheinungen auftreten können.

Adresse Steinriegel 15, 8442 Kitzeck im Sausal, Tel. 03456/3000 | Anfahrt auf der Pyhrnautobahn Richtung Süden, bei Hengsberg (Ausfahrt 204) abbiegen, auf der L601 und der L634 nach Kitzeck | Öffnungszeiten Mo–Fr 9–17 Uhr | Tipp In dieser Region muss man die Sausaler Weinstraße genießen. Ausgangspunkt ist Leibnitz. Sie führt durchs Sulmtal über Fresing bis nach Kitzeck und wartet mit zahlreichen Buschenschänken auf.

58 Das Lipizzanergestüt

Heimat der legendärsten Pferde der Welt

Wer über eine Sehenswürdigkeit in der Weststeiermark nachdenkt, dem fallen sofort die edelsten Pferde der Welt ein: die Lipizzaner. Diese weißen Schönheiten sind seit 1920 hier beheimatet, ihre Geschichte reicht aber viel weiter zurück. Bereits im Jahr 1580 errichtete Erzherzog Karl II. von Innerösterreich in Lipica im heutigen Slowenien ein Gestüt für spanische Pferde. 1760 wurde in Piber eine Benediktinerabtei gegründet, nach der Säkularisierung durch Joseph II. wurde 1798 daraus ein Gestüt für Militärpferde. 1858 wurden in Piber erstmals Lipizzaner gezüchtet.

Die Zuchtbücher werden auch heute noch zusätzlich zur elektronischen Datenerfassung mit der Hand geschrieben, das Gestüt in Piber ist weltweit das einzige, in dem Stuten aller klassischen Stutenfamilien vertreten sind. In Piber befinden sich sowohl Stuten als auch Fohlen und Zuchthengste. Ausgewählte Hengste kommen mit vier Jahren nach Wien an die Spanische Hofreitschule, danach zu Zuchtzwecken wieder zurück in die Steiermark, wo sie auch ihren Lebensabend verbringen. Um Inzucht zu vermeiden, herrscht ein reger Austausch von Zuchttieren mit weiteren Lipizzanergestüten in Slowenien, Ungarn, der Slowakei, Tschechien und Rumänien.

Mittlerweile leisten die Lipizzaner einen wichtigen Beitrag zum Tourismus in der Region, man kann die Trainingsstunden in der Reithalle beobachten und sogar die Stallungen besuchen. Ein Höhepunkt war 2003 die Steirische Landesausstellung »Mythos Pferd«, und alljährlich zählt der Almabtrieb zur großen Attraktion in der Region, denn die Pferde verbringen die Sommer auf bis zu 25 Kilometer entfernten Almen.

Das Gestüt in Piber ist Eigentum des Landwirtschaftsministeriums und wird von der »Spanischen Hofreitschule – Lipizzanergestüt Piber« GöR verwaltet. Das Schloss steht unter Denkmalschutz, die Lipizzaner wurden 2016 in die Liste des Immateriellen Kulturerbes der UNESCO aufgenommen.

Adresse Piber 1, 8580 Köflach, www.piber.com | Anfahrt über die B70 nach Köflach; alternativ S7, Haltestelle Piber-Schloss | Öffnungszeiten April–Okt. täglich 9–17.30 Uhr, Nov., Dez. Sa, So und Feiertage 10.30–14.30 Uhr, weitere Infos siehe Website | Tipp Wer in Köflach ist, dem empfiehlt sich ein Besuch der Pfarrkirche im Ortszentrum. Auf dem beschaulichen Pfarrplatz befindet sich auch der Karner.

59 Das Holzkreuz

Der Tiger vom Alpl – eine mörderische Geschichte

Wenn in der Steiermark vom »Herzerlfresser« die Rede ist, dann meint man damit den Serienmörder Paul Reininger, der im 18. Jahrhundert in Kindberg fünf Mädchen ermordete. Er lebte in dem Wahn, durch das Essen der Herzen seiner Opfer unsichtbar zu werden. Man sah ihn jedoch trotzdem, schnappte ihn und kerkerte ihn ein.

Hier geht es aber um einen anderen Herzerlfresser, den Tiger vom Alpl. Es ist dem Heimatdichter Peter Rosegger zu verdanken, dass diese Geschichte bekannt wurde. Zwei Mädchen wurden demnach am Fronleichnamstag des Jahres 1856 gemeinsam beerdigt. Der Totengräber beschloss, das Grab später zuzuschaufeln. Als er das gegen Abend tat, fiel ihm etwas Seltsames auf: Hobelspäne, die früher den Toten als Kopfkissen dienten, lagen außerhalb der Särge. Er öffnete sie – und sie waren leer.

Erst am nächsten Tag fand man die beiden Mädchenleichen mit Moos und Heidekraut zugedeckt in der Hochgölk. Ihre Herzen und Teile der Leber fehlten. In Roseggers Erzählung kommt nun ein weiterer Bauer vor, den er Tiger nennt, weil er rauflustig war wie ein Raubtier. Dieser Mann hatte im Gefängnis gesessen, weil er seine Frau im Streit erstochen hatte. Wieder zu Hause, wurde er von allen gemieden. Da erinnerte er sich an eine alte Sage, derzufolge man mit den Herzen von jungen Mädchen Unwetter herbeizaubern könne. Und die wünschte er seinen Nachbarn und Freunden.

Eine Geschichte, ja. Die Recherchen des Historikers Franz Jäger bestätigten vor einigen Jahren jedoch den Fall. Man kennt einen gewissen Mathias Bruggraber heute nur noch als »Mürztaler Wetterzauberer«. Er bewohnte den Leeb-Hof (Löwenhof, deshalb der Tiger), Bruggrabers Taufpate war Peter Roseggers Urgroßvater, und Bruggraber erstach tatsächlich seine Frau. Und auch zu Roseggers angegebener Zeit starben zwei Mädchen. Heute erinnert nur noch ein Holzkreuz am Hochgölk neben dem Wanderweg an die schaurige Tat.

Adresse Waldheimatstraße 1, 8670 Krieglach | Anfahrt direkt an der S6 (Semmering-Schnellstraße); alternativ S9 ab Bruck; Wanderung auf den Hochgölk (1.176 Meter) von Krieglach in rund 4 Stunden | Tipp Auf dem rund sieben Kilometer langen Peter-Rosegger-Gedenkstättenweg passiert man die Gölk-Kapelle. Start ist am Rosegger-Park, Schlusspunkt ist Peter Roseggers Grab in Krieglach.

60_Der FriedWald

Der erste Waldfriedhof Österreichs

Es ist kein Geheimnis, dass viele Menschen Friedhöfe aufsuchen, um innerlich zur Ruhe zu kommen. Letzte Ruhestätten sind oft Orte, die kontemplativ wirken und einen zu sich selbst finden lassen. In die Liste der »111 Orte« wurde deshalb ein besonders interessanter Friedhof aufgenommen: der FriedWald Schöcklland, der erste Bestattungswald Österreichs.

Er liegt rund 15,5 Kilometer nordöstlich von Graz in der Gemeinde Kumberg. Die Rabnitz durchfließt diesen zehn Hektar großen Wald, in dem es rund 1.000 Friedwaldbäume gibt, unter denen jeweils vier bis 20 Urnen Platz finden. Ein stiller Ort inmitten der Natur. Es gibt sogar Führungen durch diesen Wald, bei denen den Besuchern die Idee des naturverbundenen Gottesackers vermittelt wird. Ein paar Eigenheiten hat dieser ja doch: Hier übernimmt etwa die Natur die Grabpflege, Besucher können kommen, wann sie wollen. Als Grabbeigabe wird alles Mögliche bevorzugt – von Schokolade bis zu Alkohol –, nur Grabkerzen oder Kränze sind verboten. Lediglich eine Tafel mit Namen, Lebensdaten und – wenn man möchte – einem Spruch ist erlaubt, um an den Verstorbenen zu erinnern. Außerdem nehmen sich viele Menschen bei Begräbnissen eher etwas mit, als etwas zurückzulassen, ein Blatt oder einen Zweig zum Beispiel.

In Kumberg gibt es die Möglichkeit, sich schon zu Lebzeiten seinen Baum zu reservieren. Die Asche der Verstorbenen wird in einer biologisch abbaubaren Urne beigesetzt.

Ein Blick in die Umgebung sei auch erlaubt. Ganz in der Nähe des FriedWaldes befindet sich das Schloss Kainberg, das am Beginn des 13. Jahrhunderts errichtet wurde – 1218 wird etwa ein Otto von Chunperch als Besitzer genannt. Im 19. Jahrhundert, nachdem es in Besitz so bedeutender steirischer Familien wie der Sauraus und der Dietrichsteins war, kam es in den Besitz der Württemberger Grafenfamilie Wimpffen, der es auch heute noch gehört.

Adresse Meierhöfenstraße 24 (Boxhof), 8062 Kumberg, www.friedwald-schoecklland.at, Tel. 03117/39030 | Anfahrt entlang der Meierhöfenstraße durch Kumberg Richtung Meierhöfen, vorbei am Schloss Kainberg, FriedWald auf halber Höhe zwischen Kumberg und Meierhöfen | Tipp Die »well welt kumberg« ist ein weithin bekanntes Freizeitparadies.

61 Das vergessene Schwimmbad

Ein Lost Place am Wanderweg

Der Wanderweg »Sebastian Reloaded« zählt zu den am meisten beworbenen Naherholungspfaden rund um Graz. Er befindet sich inmitten eines gepflegten Kurorts, der weithin für sein Reha-Zentrum und die Schönheitsklinik bekannt ist, regelmäßig Blumenschmuckwettbewerbe gewinnt und sehr auf sein Äußeres achtet. Und dann das. Seit 50 Jahren modert eine Bauruine am Wegesrand des Wanderweges vor sich hin: ein Schwimmbad, das gebaut wurde, in dem aber nie jemand schwamm.

Es ist kaum zu glauben. In den 1970er Jahren war geplant, den Kurort, der seit den 1880er Jahren internationale Gäste anzog, bekannter zu machen. Den ersten Höhenflug erlebte Laßnitzhöhe um die Wende zum 20. Jahrhundert – damals lockte ein Nervenfacharzt die Kundschaft. Doch die kommenden rund 40 Jahre machten es fast allen großen Ideen schwer: Erster Weltkrieg, Weltwirtschaftskrise, Zweiter Weltkrieg.

Erst danach ging es wieder bergauf. In den 1970er Jahren wurden bereits an die 100.000 Übernachtungen gezählt, und so begann der Grazer Neurologe und Psychiater Franz Merli, einen Plan zu schmieden: Ein komplettes Kurzentrum sollte auf der Laßnitzhöhe errichtet werden, mit einem millionenschweren Hallenbad, das auch Tagesgäste aus dem Umland – vor allem aus der Landeshauptstadt – aufs Land ziehen würde.

Doch aus der geplanten Investition von 18 Millionen Schilling sind 36 Millionen geworden. Zuerst ging Merli pleite, dann die Bank. Der Bau verfiel, das falsche Investment stürzte den Ort abermals in die Krise, die Gästezahlen sanken.

Heute hat sich der Ort wieder erholt, doch die Bauruine wird immer mehr zum verbotenen Szenetreffpunkt. Mittlerweile hat die Anlage zwar einen neuen Besitzer, es hieß auch, eine Ausbildungsstätte für Tischler und Zimmerer sei geplant. Und doch blieb es bislang bei der Ruine am Wegesrand.

Adresse Hauptstraße 23, 8301 Laßnitzhöhe | Anfahrt auf der A2 (Südautobahn) bis zur Ausfahrt 169; alternativ Bus 420, 430 oder S3, Haltestelle Laßnitzhöhe, zu Fuß vom Marktplatz (große Erlebnisweg-Infotafel) den grünen Fußspuren am Boden folgen, über Kapellenstraße rechts in den Wald einbiegen, Schwimmbad nach rund 1 Kilometer rechter Hand im Wald | Tipp Der Kurort wird alljährlich für seinen Blumenschmuck geehrt. Ein Spaziergang erfreut nicht nur Floristen.

62 Die Römerhöhle

Ein Steinbruch als Spiegel unserer Geschichte

Am Rande des Römischen Reiches, mitten in einer Gegend, in der die Kelten hausten, wurde 15 vor Christus ein Handelsposten der Römer errichtet. Er florierte, wuchs, und 70 nach Christus wurde er zur Stadt erhoben und Flavia Solva genannt. Die Häuser dieser Ortschaft, ihr Amphitheater und andere Gebäude bestanden aus Korallenkalk, aus Sandstein, der in einem nahen Bergwerk abgebaut wurde, in den heute noch als »Römerhöhle von Aflenz« bekannten Stollen.

Mitten im Naturschutzgebiet Aflenz, zwischen Aflenz an der Sulm und Unterlupitscheni, befindet sich dieser Steinbruch, der über die Jahrhunderte immer wieder bedeutungsvoll war. Der Aflenzer Stein wurde etwa im Mittelalter für den Bau von Kirchen und profanen Anwesen verwendet. Im Zweiten Weltkrieg nutzte man die Römerhöhle dann vorrangig als schützendes Areal für einen Rüstungsbetrieb, in dem Flugzeug- und Panzermotoren hergestellt wurden. Dafür wurden freilich Zwangsarbeiter herangezogen, und so wurde die Römerhöhle zum Konzentrationslager Aflenz, einem Außenlager des KZ Mauthausen. In diesen unsäglichen Jahren verloren 500 Menschen in den Stollen ihr Leben.

Nach dem Krieg wurden mit dem Sandstein aus Aflenz zahlreiche durch die Kampfhandlungen und den Lauf der Zeit in Mitleidenschaft gezogene Prunkgebäude der Republik wiederhergestellt: Schloss Belvedere, der Wiener Stephansdom und die Doppelwendeltreppe in der Grazer Burg wurden mit Aflenzer Stein restauriert.

Danach wurde der Steinbruch stillgelegt, einige Jahre später aber von der Firma Stein am Grein wieder in Betrieb genommen. Außerdem wird die Römerhöhle heute als Konzert- und Theatersaal genutzt; im Schaubergwerk wurde ein Museum eingerichtet. Und ganz abgesehen vom wertvollen Gestein ist die Römerhöhle ein Paradies für die Tierwelt. Mehrere Fledermausarten leben hier; nicht umsonst steht das Areal seit 1977 unter Naturschutz.

Adresse Seggauberg 1, 8430 Leibnitz, Tel. 03452/824350; Koordinaten: 46.74914542246254, 15.549440524876632 | Anfahrt von der A2 (Südautobahn) bei Vogau-Straß abfahren und entlang der L672 Richtung Westen fahren, auf die Retzneierstraße, Retznei passieren, Steinbruch dahinter auf der rechten Seite | Öffnungszeiten Museum »Wächterhaus« ganzjährig, Römerhöhle nach Voranmeldung | Tipp Das Schloss Seggau ist ein Tagungs- und Seminarzentrum in der Nähe. Vor allem verfügt es über einen sehenswerten Weinkeller.

63__Das Stadttheater

Das älteste bürgerliche Theater Österreichs

Als im Jahr 1790 das »Hofstätterische Haus« in der Homanngasse 5 als Theater adaptiert wurde, rechnete bestimmt niemand damit, dass es einmal Geschichte schreiben und im Jahr 2020 sein 230-jähriges Bestehen feiern würde. Ambitioniert begannen die Bürger und Bürgerinnen von Leoben allemal. Die Bevölkerung finanzierte den Umbau, ein Verein führte das Haus, und der Gewinn wurde wohltätigen Zwecken zugewiesen. In den ersten Jahren hatte das Laienensemble mitunter 18 Mitglieder und wurde von so hochkarätigen Besuchern und Besucherinnen wie der Königin von Neapel, dem König von Sachsen und Karl X. von Bourbon beehrt.

Mitte des 19. Jahrhunderts wurde es professioneller, Ludwig Anzengruber trat auf, Nestroy (»Lumpazivagabundus«), Ibsen (»Gespenster«) und später wurden auch die Strauss-Operetten »Fledermaus« und »Zigeunerbaron« gespielt. Um das Jahr 1900 gab es einen weiteren Aufschwung mit der Leobner Erstaufführung von Goethes »Faust«. Es folgten bedeutende Stücke wie etwa »Don Carlos«, »Maria Stuart« oder »Hamlet«. 1928 trat Paula Wessely hier auf, den großen Höhenflug erlebte das Theater aber freilich erst in den Nachkriegsjahren des Zweiten Weltkriegs. 1949 gab Attila Hörbiger den »Jedermann«.

Mitte der 1960er Jahre wurde das Theater dann renoviert, sodass nur noch die Stuckdecke an den Historismus erinnert. Seither hat quasi alles hier gespielt, was im deutschsprachigen Raum Rang und Namen hat: Götz George, O. W. Fischer, Senta Berger, Otto Schenk, Alfons Haider, Elfriede Ott, Steinbauer und Dobrowsky, Thomas Stipsits und Manuel Rubey. Seit 1995 gibt es Operetten- und Musical-Eigenproduktionen, seit 2010 gastieren regelmäßig Operetten-Ensembles in Leoben, auch eigene Märchenproduktionen stehen auf dem Programm. Heute umfasst das Leobner Stadttheater 283 Sitzplätze und 105 Stehplätze und nennt sich stolz »ältestes durchgängig bespieltes bürgerliches Theater Österreichs«.

Adresse Homanngasse 5, 8700 Leoben | **Anfahrt** auf der S6 nach Leoben, in der Parkgarage LCS in Hauptplatznähe parken, Theater zwischen Hauptplatz und Schwammerlturm; alternativ S8, Haltestelle Leoben Hauptbahnhof | **Öffnungszeiten** Programm unter www.leoben.at | **Tipp** In Leoben kommt man nicht umhin, den Schwammerlturm und den historischen Hauptplatz zu bewundern.

64 Die Keltenburg

Ein Tausende Jahre altes Vermächtnis

Seit jeher weiß man, dass das historische Erbe in der Region um Ligist groß ist. Seit Frühling 2023 hat man wieder ein Stück weit mehr Gewissheit, dass wir uns hier an einer für die Steiermark ganz außergewöhnlichen Örtlichkeit befinden.

Es ist eine unscheinbare Stelle im Wald, die von 42 Archäologen und deren Helfern aus Österreich, Deutschland und der Schweiz einige Wochen lang umgegraben wurde. Sie gingen der Vermutung nach, dass sich hier auf dem Berg ein riesiger Wehrbau aus der Eisenzeit befunden haben muss, rund 3.000 Jahre oder mehr vor unserer Zeit. Ein paar Wochen später hatten sie die Bestätigung. Und nicht nur das: Die Wehranlage hatte eine ganz besondere Ausstattung, war sie doch von sogenannten Reitergassen, deren Existenz bislang in Österreich noch nicht wissenschaftlich belegt werden konnte, gesäumt.

Diese Annäherungshindernisse stammen aus dem Jahr 1200 vor Christus und wurden so angelegt, dass kleine Wälle im rechten Winkel zum eigentlichen Verteidigungswall entstanden. Die Wälle waren zudem befestigt und von Kriegern bemannt. Angreifer wurden auf diese Weise in die Rinnen dazwischen gezwungen und konnten so leichter bekämpft werden.

Der gesamte Dietenberg dürfte von dieser Wehranlage gewaltigen Ausmaßes umfasst gewesen sein. Die mittelalterliche Burg, von der am Dietenberg nur noch rudimentäre Ruinen zu sehen sind, zählt zwar neben der Hengistburg und der Primaresburg zu den ältesten der Steiermark, ist aber weitaus kleiner als die keltische Wehranlage. Die Archäologen merken an, dass zur Zeit der Kelten viel mehr Menschen in der Region gelebt haben, besonders hier an den Rändern der Alpen muss es häufig zu kriegerischen Auseinandersetzungen gekommen sein. Ziel der Forscher ist es nun, das Areal mit Hinweisschildern auszustatten, sodass künftigen Besuchern klar ist, dass sie sich an einem äußerst geschichtsträchtigen Ort befinden.

Adresse 8563 Ligist; Koordinaten der Ausgrabungsstätte: 47.00305703496196, 15.216894727230724 | Anfahrt über die B70 nach Ligist, vorbei am Buschenschank Kremser-Greitbauer auf den Dietenberg, im angrenzenden Waldstück rechter Hand rund 100 Meter abseits des Forstweges | Öffnungszeiten stets zugänglich | Tipp In der Nähe befindet sich der Buschenschank Kremser-Greitbauer (Dietenberg 94, Tel. 03143/2805).

65 Die zauberhaften Steinchen

Geschichten von der Zukunft

Betrachten Sie hier einmal nicht die Wallfahrtskirche, sondern schauen Sie sich die Steinchen an, die herumliegen. Merken Sie etwas?

Zur Erklärung eine kleine Geschichte: Auch wenn heute keine genauen Lebensdaten bekannt sind, dürfte Thomas Weiß im 15. Jahrhundert gelebt haben. In einer Ortschronik von Maria Lankowitz wird er als »schlichter, lediger Landmann« beschrieben, er soll in der sogenannten Katzbauerhube am Ortsrand des Dorfes Salla gelebt haben. Der steirische Dichter Hans Kloepfer bezeichnet Weiß immerhin als »Propheten von weitem Ruhme«. In seinem Aufsatz »In der Salla« schreibt er: »Neben der Kirchmauer ruht seit länger als einem halben Jahrtausend Thomas Weiß, ein Bauer aus dem Tale, dessen schlichte Gottgläubigkeit und asketisches Leben ihn schon zu Lebzeiten in den Geruch der Heiligkeit gebracht haben.«

Weiß soll tatsächlich viel vorhergesehen haben: etwa die Türkenkriege, die Zerstörung der Stadt Voitsberg und die »heillose Ketzerei Luthers«. Seine wohl berühmteste Vorhersage betrifft aber Graz und die Murgasse. Thomas Weiß sagte nämlich dem Andreas von Greißenegg (1425–1471) den Tod voraus. Und es kam genau so: Tod durch Henkershand in der Murgasse. Zuvor soll Greißenegg bei Weiß vorstellig geworden sein, ihn aber nicht ernst genommen, sondern nur gelacht haben. Glauben schenkte er ihm offensichtlich nicht.

Nicht nur die Wälder rund um Salla, durch die er einst gestreift ist, erinnern an Thomas Weiß. Vor allem die Wallfahrtskirche von Lankowitz ist ein Ort, den man besuchen kann, um an ihn zu denken. Denn jedes Mal, wenn Weiß in den Ort kam, um seine Steuern zu bezahlen, legte er an dieser Stelle ein Steinchen ab. Als die Leute ihn fragten, warum er das tue, antwortete er: »Weil hier einmal eine Wallfahrtskirche stehen wird.«

Adresse Franziskanerplatz 1, 8591 Maria Lankowitz, Tel. 03144/2289 | Anfahrt auf der B77 übers Gaberl und durch Salla, in Maria Lankowitz via Hauptstraße und Kemetbergerstraße zur Kirche | Öffnungszeiten täglich 7.30 – 18.30 Uhr | Tipp Die Wiedner Alm rund zehn Kilometer von Salla entfernt ist immer einen Ausflug wert.

66 Der Brandhof

Ein Erzherzog als legendärer Besitzer

In der Steiermark ist Erzherzog Johann (1782–1859) allgegenwärtig. Beinahe jede bedeutende Institution ist direkt oder indirekt auf sein Wirken zurückzuführen – ja, dass die Steiermark sich überhaupt zu jenem selbstbewussten Bundesland entwickeln konnte, als das sie sich heute gern präsentiert, ist im Wesentlichen sein Verdienst. Er gründete die Landesbibliothek, das Landesarchiv, die Sparkasse, die Landwirtschaftsgesellschaft, die Montanuniversität, die Wechselseitige Brandschaden-Versicherungsgesellschaft, den Historischen Verein für Steiermark und vieles mehr.

Ein bedeutender Ort seines Wirkens war der Brandhof in Mariazell, ein Gutshof, der erstmals 1390 namentlich genannt wurde. Ein gewisser Prantner war der Pächter, der Name blieb bestehen. Erzherzog Johann ersteigerte das Anwesen 1818 durch einen Mittelsmann, und aus dem Areal am Fuße des Seebergsattels – es liegt auf 1.080 Metern Seehöhe – machte der jüngere Bruder Kaiser Franz' I. (1768–1835) ein Jagdschloss und ein Musterlandgut mit Tierhaltung und Alpengarten, das »Freigut Brandhofen«.

In dem Gut gab es eine Kapelle, und in der fand schließlich auch seine Hochzeit mit Anna Plochl (1804–1885), der Tochter des Postmeisters von Bad Aussee, statt. Für diese Hochzeit hatte es vom Kaiser sechs Jahre lang keine Erlaubnis gegeben, umso größer waren der Stolz und die Freude, als es schließlich doch dazu kam. Die Popularität, die der Erzherzog schon zu Lebzeiten in der Steiermark genoss, sollte in all den Jahrzehnten danach nicht abreißen. Anna Plochl wurde 1834 mit dem Titel »Freifrau zu Brandhofen« geadelt, ab 1850 war sie auch »Gräfin von Meran«. Mit Johann lebte sie vor allem im Sommer und Herbst im Brandhof, den Winter und Frühling verbrachten die beiden meist auf dem Herrschaftssitz in Stainz.

Noch heute ist der Brandhof im Besitz der Habsburger, nämlich der Familie Meran, also der direkten Nachkommen Johanns.

Adresse Brandhof 1, 8635 Mariazell-Gollrad | Anfahrt auf der B21 nach Mariazell, von dort auf der B20 Richtung Kapfenberg; alternativ Bus 170, 173, Haltestelle Brandhof Schloss | Öffnungszeiten nur von außen zu besichtigen | Tipp Von hier aus kann man zahlreiche Wanderrouten auf den Seebergsattel wählen.

67_Das Schlachtfeld

Ein historisches Aufeinandertreffen

Niemand, den es hierherverschlägt, vermutet in der Nähe ein Schlachtfeld. Eine Kirche, die Erinnerung an ein ehemaliges Gasthaus, ein angebliches Museum ... Nein, dieser Ort ist so beschaulich und still, hier kann die Geschichte kein Gemetzel platziert haben, das Tausende Menschen das Leben kostete.

Und doch wird das behauptet. Im Jahr 113 vor Christus sollen hier in Noreia römische Legionäre auf eine gewaltige Übermacht an germanischen Kriegern getroffen sein. Die Stämme der Kimbern, Ambronen und Teutonen hatte es bei ihrer jahrelangen Wanderung durch halb Europa schließlich in die Alpen verschlagen, und die von ihnen bedrängten Alpler, die Noriker, wandten sich hilfesuchend an die Römer. Deren Truppen schwärmten von Aquileia aus und stellten sie in einer Schlacht.

Dieses erste Aufeinandertreffen zwischen Römern und Germanen ging furchtbar für die Weltmacht aus. Die germanischen Stämme löschten zwei Legionen unter Führung von Gnaeus Papirius Carbo aus, 12.000 Römer sollen gefallen sein, und nur ein heranziehendes Gewitter stoppte die germanischen Berserker. Die Folge waren noch weitere vier Kämpfe entlang der Alpen, die sogenannten Kimbernkriege, es war der Beginn jener Zeit, die wir gern als »Völkerwanderung« bezeichnen.

Heute wird zwar massiv daran gezweifelt, dass das historische Noreia tatsächlich mit dem steirischen Noreia identisch ist, in den 1930er Jahren war man dennoch überzeugt davon, benannte den Ort einfach entsprechend um und erhoffte sich im aufkeimenden Nationalsozialismus Attraktivität durch den Nimbus eines germanischen Herzstücks. Doch das Gedankengut hat sich nicht erhalten, und mittlerweile ist Noreia vor allem eines: ein hervorragendes Wandergebiet an der steirisch-kärntnerischen Grenze, das zum heimischen Zirberl-Trinken einlädt, denn immerhin befinden wir uns hier an den Ausläufern des Zirbitzkogels.

Adresse Kraftplatz: Noreia 4, 8822 Mühlen | **Anfahrt** auf der S36 bis Judenburg, von dort über Neumarkt nach Mühlen und Noreia | **Tipp** Das Hörfeld-Moor bei Mühlen ist ein Naturparadies. Über Stege tauchen die Besucher in eine Moorlandschaft ein, Hinweistafeln erklären die Vielfalt von Fauna und Flora.

68 Das Geburtshaus

Wer war Johann Joseph Fux?

Es nennt sich »Gradus ad Parnassum«, benannt nach dem Parnass, einem Berg in Griechenland, der als Sitz der Musen gilt. Dieses Werk ist ein musiktheoretisches Lehrbuch und gilt bis heute als Hauptwerk des Komponisten Johann Joseph Fux (um 1660–1741). Jahrzehntelang war es allerdings auch die einzige Erinnerung an ihn.

Der als Bauernsohn im Ortsteil Hirtenfeld in der heutigen Gemeinde Nestelbach bei Graz Geborene muss ein unglaubliches Talent gewesen sein, wie sonst ist zu erklären, dass er es 1680 an die Universität Graz und später auch an jene von Ingolstadt schaffte. Fux machte Karriere, heiratete die Tochter eines Regierungssekretärs und wurde 1696 zum Organisten am Schottenstift in Wien ernannt, danach zum Hofcompositeur, Kapellmeister am Stephansdom und 1715 zum Kaiserlichen Hofkapellmeister. Heute ist das Johann-Joseph-Fux-Konservatorium in Graz nach ihm benannt.

Als er das »Gradus ad Parnassum« verfasste, war er etwa 65 Jahre alt. Das Werk wurde in verschiedene Sprachen übersetzt und beeinflusste die Wiener Klassik maßgeblich – Leopold Mozart verwendete das Buch bei der Erziehung seines Sohnes Wolfgang Amadeus. Doch Fux war noch weitaus produktiver, er schuf 18 Opern, darunter etwa die Geburtstagsoper für Kaiser Karl VI. (1685–1740). Außerdem verfasste er Messen, Requien, Vespern, Oratorien, Partituren und Sonaten. Dennoch ist es erst dem Musikhistoriker Ludwig Ritter von Köchel (1800–1877) zu verdanken, dass Fux nicht in Vergessenheit geriet, denn dieser schuf 1872 ein Standardwerk über den begnadeten Komponisten.

1955 wurde die Johann-Joseph-Fux-Gesellschaft gegründet, die eine Gesamtausgabe seiner insgesamt 143 Werke initiierte, seit 2018 werden innerhalb der Styriarte in Graz regelmäßig Fux-Festspiele veranstaltet. In seiner Heimatgemeinde gibt es außerdem einige Gedenktafeln, die an das Leben und Wirken des Musikers erinnern.

Adresse Hirtenfeldweg, 8302 Nestelbach bei Graz | Anfahrt auf der L384 nach Nestelbach, auf die Mareinerstraße (L305) und den Hirtenfeldweg; alternativ Bus 440, Haltestelle Hirtenfeld, von dort rund 10 Minuten zu Fuß | Öffnungszeiten Besichtigung nach Anfrage bei der Gemeinde unter Tel. 03133/2208 | Tipp Das Lilienbad in St. Marein bei Graz sollte bei dieser Gelegenheit unbedingt besucht werden.

69 Das Stadttor

Warum 2012 die Stadttore dichtmachten

Von den ursprünglich fünf Stadttoren sind bis heute noch drei übrig geblieben (im Bild sieht man das Hintereggertor). Gemeinsam mit zwei von insgesamt einst acht Stadttürmen und der gut erhaltenen, früher zehn Meter hohen Stadtmauer geben sie einen Eindruck aus dem 13. Jahrhundert wieder, wie es kaum eine steirische Stadt in der Gegenwart noch vermag. Im Jahr 1298 erteilte Herzog Albrecht dem Bischof die Erlaubnis, den Markt mit einer Ringmauer zu umgeben, die 1317 fertiggestellt wurde. Da hatte man Oberwölz bereits das Stadtrecht verliehen. Damals lebten 1.200 Menschen in diesem Ort. Eine stattliche Zahl für jene Zeit, rund 1.000 sind es heute noch – Oberwölz ist damit die kleinste Stadt der Steiermark.

2012 machte sie besonders von sich reden, denn im Rahmen des Kulturfestivals Regionale12 sperrte Oberwölz alle Stadttore zu – drei Tage lang kam niemand hinein und niemand hinaus. Die Schließung erwies sich letztlich als Öffnung, denn der Ort wurde dadurch sehr bekannt. Mit dieser Aktion, die unter dem Motto »Oberwölz macht zu« lief, machte die Stadt auf das Problem der Abwanderung aufmerksam, das es schon vor Jahrhunderten gegeben hatte. Das Projekt wurde wissenschaftlich begleitet, es gab zahlreiche Kulturevents. Am Samstag, den 23. Juni, rief ein Schauspieler: »Bleibe ich drinnen, oder will ich raus? Nur wer die Wahl hat, ist wirklich frei!« Angesichts der Jahre später auftretenden Coronamaßnahmen ein fast prophetisches Motto.

Einst war Oberwölz die letzte Raststation für Salz- und Eisenhändler, bevor diese sich auf den Weg in die Hohen Tauern machten. Heute lebt die Region vor allem vom Tourismus. Das Wölzertal hat einiges zu bieten, etwa eine ganz besondere Burg. Burg Rothenfels aus dem 12. Jahrhundert blickt auf den Ort hinab und ist eines der besterhaltenen mittelalterlichen Anwesen im Land. Sie ist heute im Besitz der Familie Steiner, die auch Führungen anbietet.

Adresse Hauptplatz, 8892 Oberwölz | Anfahrt auf der B75 nach Oberwölz; alternativ Bus 891, Haltestelle Oberwölz Hauptschule | Öffnungszeiten Infos zu historischen Stadtführungen unter Tel. 03581/8203 | Tipp Sowohl das Österreichische Blasmusikmuseum als auch das Heimatmuseum Oberwölz befinden sich am Hauptplatz (Tel. 03581/8203 oder Tel. 03581/7366).

70__Die Badlwandgalerie

Lost Place am Kugelstein

Diese architektonische Meisterleistung des Industriezeitalters ist ein Lost Place, der weithin bekannt ist. Die Brucker Begleitstraße führt direkt hier vorbei, Besucher der Golfanlage Murhof sehen sie jedes Mal auf dem Weg ins Resort, und doch ist das bemerkenswerte Bauwerk am Fuße des Kugelsteins dem Verfall preisgegeben. Seit Jahren wird diskutiert, Vereine wurden gegründet, Initiativen ins Leben gerufen, doch der 1841 gebaute Abschnitt der Südbahn Wien–Triest verfällt unweigerlich, und wird zum »Lost Place«.

Es handelt sich um eine 191 Klafter (also 362 Meter) lange »Bogenstellung mit überwölbter Decke« – insgesamt sind es 35 gewölbte Bögen mit »Commerzialstraße« darunter und Eisenbahn darüber. So wurde das Projekt einst beschrieben. Die Mur führte damals an dieser Stelle hohe Wasserstände und verlief unregelmäßig, es brauchte italienische Spezialisten, um den Felsen abzutragen. Erzherzog Johann eröffnete das Bauwerk am 21. Oktober 1844, wenngleich es noch ein weiteres Jahr dauern sollte, bis die Galerie endgültig fertiggestellt war.

Mit der Elektrifizierung in den 1960er Jahren wurde ein Neubau-Abschnitt am gegenüberliegenden Murufer errichtet – die lichte Höhe der Badlwandgalerie (6,5 Meter) reichte für die neuen Zug-Garnituren jedoch nicht aus, ab 1966 diente die Badlwandgalerie nur noch dem Straßenverkehr und war Teil der berüchtigten Gastarbeiterroute. Doch das Verkehrsaufkommen wurde immer stärker, 1978 wurde die Galerie gesperrt und die Straße verlegt. Heute ist aus der Schnellstraße eine Begleitstraße zur neu errichteten Schnellstraße geworden.

Mittlerweile ist die Badlwandgalerie auch zu Fuß nicht mehr passierbar, Teile stürzten ein. Heute gibt es niemanden mehr, der sich um das denkmalgeschützte Bauwerk kümmert. Da die Sanierungskosten in die zweistelligen Millionenbeträge gehen, wird die Galerie wohl weiterhin verfallen. Schön anzuschauen ist sie aber allemal.

Adresse Brucker Straße, 8120 Peggau | **Anfahrt** direkt an der Brucker Begleitstraße auf Höhe der Autobahnausfahrt Badlwand | **Tipp** In der Nähe befindet sich das Golfresort Murhof mit einem weithin bekannten Restaurant. In der Vorweihnachtszeit findet hier auch die Lichtshow »Lumagica« statt, die jährlich rund 50.000 Besucher anlockt.

71 Die Bärenschützklamm

Die spektakulärste Klamm im Almenland rund um Graz

Bis Juli 2020 stiegen alljährlich rund 40.000 Menschen durch die Bärenschützklamm. 164 Brücken mit insgesamt 2.500 Holzsprossen führen durch dieses Naturjuwel, das vom Mixnitzbach durchzogen wird. 300 Meter hohe Kalkwände, 24 Wasserfälle, schroffe Felsformationen – ein echtes Naturereignis eben, das sogar Gäste aus dem Ausland anlockte.

Doch dann ereignete sich das Unglück: Felsen lösten sich und stürzten in die Tiefe, zwei Frauen und ein Mann konnten nur mehr tot geborgen werden, neun weitere Personen verletzten sich zum Teil schwer. Seit damals blieb die Klamm geschlossen, und auch wenn die Staatsanwaltschaft die Ermittlungen einstellte und das Unglück als »unvorhersehbares Naturereignis« einstufte, saß der Schock tief. Bis Redaktionsschluss dieses Buches war die Klamm immer noch nicht geöffnet, ein Zivilprozess, den eine verletzte Person aus Niederösterreich angestrengt hat, läuft noch. Auch die Sicherungsmaßnahmen dauern an und belaufen sich auf mittlerweile rund eine Million Euro.

Der Name der Klamm dürfte übrigens wenig mit Bären zu tun haben, sondern soll vom slawischen Wort *pršica* (Spritzbach) stammen. Das Areal ist seit 1978 Naturdenkmal.

Mindestens ebenso berühmt wie die Klamm ist die Drachenhöhle von Mixnitz. Diese Höhle ist allerdings nur nach einem eineinhalbstündigen Fußmarsch und im Rahmen einer geführten Tour zu besichtigen, gilt sie doch als bedeutendes Fledermausquartier und war einst Rückzugsgebiet für Bären, Wölfe und auch Menschen. Dies ist der Ort, von dem die Sage vom »Drachentöter von Mixnitz« berichtet, einem jungen Mann, der das Untier mit einer List bezwang. Die Knochenfunde, die man in der Höhle sicherstellte, stammen allerdings nicht vom Drachen, sondern von prähistorischen Höhlenbären – sie sind im Archäologiemuseum in Graz-Eggenberg zu sehen. Die Höhle wurde 1928 unter Schutz gestellt und gilt seit 1949 ebenfalls als Naturdenkmal.

Adresse Bärenschütz Weg 40, 8131 Mixnitz | Anfahrt vom Bahnhof Mixnitz-Bärenschützklamm 10 Minuten zur Jausenstation Grassauer, zur eigentlichen Klamm noch mal 1 Stunde | Öffnungszeiten 1. Mai – 31. Okt., Einlass täglich 7.30 – 16 Uhr (nur bei Schönwetter); Infos zur Höhlenwanderung unter Tel. 0676/6308474 oder via E-Mail an drachenhoehle@pernegg.at | Tipp In der Region befindet sich auch die Lurgrotte in Semriach (Lurgrottenstraße 1).

72 Das Schaubergwerk

Waren Knappen schuld am Untergang?

Seit 1958 ist das Bergwerk Oberzeiring, ein Ortsteil der Gemeinde Pölstal, für die Öffentlichkeit zugänglich. Auf einer Strecke von insgesamt 445 Metern sind 600 Stufen zu bewältigen, und man bewegt sich in einer Tiefe von bis zu 34,4 Metern unter der Erde.

Die Faszination, die heute noch von dem Bergwerk ausgeht, ist mit der Geschichte der Anlage verbunden, denn schon der Aufstieg Oberzeirings war legendär. Als man im 13. Jahrhundert Silber fand, brachte der Bergbau dem Ort rasch Wohlstand und Anerkennung. Mons Cyrich hieß er ursprünglich, jedenfalls hat ihn Landesfürst Ottokar Přemysl um 1265 so genannt. Dann besuchte auch noch König Rudolf höchstpersönlich die Knappensiedlung und verlieh ihr das Marktrecht (1279). Als derselbe Rudolf den Zeiringern später auch das Recht einräumte, den Zeiringer Pfennig einzuführen, also eine eigene Silbermünze zu prägen, machte das die Zeiringer Knappen zu den angesehensten Leuten im gesamten Murtal.

Eine Geschichte, die aus dem 18. Jahrhundert stammt, besagt, dass eine Katastrophe den Untergang des Zeiringer Bergbaus bereitet habe. Der Legende nach sollen Bergknappen, die nichts und niemanden mehr achteten, einen Buben lachend getötet und seinen Kopf als Kugel zum Kegeln verwendet haben. Tags darauf sei die Großmutter des Ermordeten gekommen und habe die Knappen verflucht, einen Krug mit Mohn ausgeleert und gerufen, so viele Mohnkörner hier verstreut seien, so viele Jahre werde der Berg kein Silber mehr abwerfen. Am nächsten Tag sei eine Wasserflut über die Knappen hereingebrochen, und 1.400 von ihnen seien getötet worden.

Man geht nach neuesten Untersuchungen heute davon aus, dass sich der Niedergang des Zeiringer Silberabbaus tatsächlich rund um das Jahr 1400 ereignet hat. Der Grund dafür dürfte aber ein ganz banaler gewesen sein: Die Lagerstätte warf einfach nicht mehr genug Silber ab.

Adresse Marktplatz 3, 8762 Oberzeiring | Anfahrt von der B114 auf die Hauptstraße und nach Oberzeiring, Schaubergwerk direkt am Hauptplatz | Öffnungszeiten variieren je nach Jahreszeit, aktuelle Infos unter Tel. 0664/75125131 | Tipp Für den Familien-Freizeitpark Märchenwald Steiermark (Pichlhofen 60) sollte man sich mindestens einen Tag Zeit nehmen.

73 Das Türkenkreuz

Erinnerung an eine Zeit voller Angst

Die Gerüchte häuften sich, an den Rändern des Habsburgerreichs mehrten sich die Angriffe türkischer Streifscharen. In der Steiermark machte man sich deshalb daran, einen Überblick über die kampffähigen Personen zu bekommen. Rund um Oberzeiring wurden zu diesem Zweck im Jahr 1445 die Hauptleute Andre Galler, Wulfing Winkler und Hans Welzer damit beauftragt, das Bauernaufgebot der Pfarren Pöls, »Sand Oswald uter Zeyreckh« und vieler anderer zu bestellen. Man errechnete ein Aufgebot von 1.637 wehrfähigen Bauern und einem Heerwagen allein aus der Pfarre St. Oswald.

Schon im Jahr darauf entsandte Oberzeiring vier Reisige (berittene Krieger), vier Fußknechte und einen Heerwagen, um gegen die Ungarn von Johann Hunyadi vorzugehen, der die Steirer bedrohte. Der Krieg war also eine ständige Bedrohung, wenngleich er noch lange nicht im Murtal direkt Einzug hielt. 1478 kamen dafür die Heuschrecken und richteten furchtbare Schäden an. »Mit Glöckengeläute und Böllerschüssen suchte man sie zu vertreiben; sonst war man hilflos«, heißt es in der Oberzeiringer Chronik.

Doch 1480 tauchten die Türken erstmals auf. Über Kärnten und Neumarkt fielen sie ein und errichteten ihr Lager auf dem Aichfeld. Kirchen wurden verwüstet, Priester ermordet, Frauen und Kinder verschleppt, die Schwachen wurden getötet. Auch viele Bauernhöfe zündeten die Türken an, die Toten konnten mangels Überlebender nicht begraben werden, Seuchen brachen aus, dazu kamen Hagelunwetter, Missernten und Hungersnöte.

Im 16. Jahrhundert wurde das Murtal ins Kreidfeuernetz mit einbezogen, ein Warnsystem, das im ganzen Land eingerichtet worden war. Bei Nacht warnten die Feuer, tagsüber die Rauchzeichen. Das machte es etwas einfacher, sich rechtzeitig gegen die feindlichen Übergriffe zu wappnen. Das Türkenkreuz an der Ortseinfahrt erinnert an diese Zeit der Schrecknisse.

Adresse Pölstal, 8763 Möderbrugg; Koordinaten: 47.25735010758307, 14.50082682626452 | Anfahrt von der B114 auf die Hauptstraße und nach Oberzeiring, kurz vor Pölstal Kreuz rechter Hand | Tipp Der Galgen am Hochgericht Birkachwald an der Triebener Straße stammt aus dem Jahr 1410.

74 Die Johanneskapelle

Das »Kripperl der Steiermark«

Der Volksdichter Peter Rosegger (1843–1918) bezeichnete die Johanneskapelle von Pürgg einst als »Kripperl der Steiermark«. Man geht heute davon aus, dass Pürgg bereits unter den Traungauern Ende des 11. Jahrhundert bestand und ein Teil der Burg Grauscharn war, des Herrschaftsmittelpunkts des Markgrafen Ottokar III. Erstmals urkundlich erwähnt wurde die Kapelle aber erst 1350. Als die Steiermark 1192 an die Babenberger ging, wurde Pürgg bereits als »Wiege der Steiermark« bezeichnet. Im 17. und 18. Jahrhundert erlangte das spätere »Kripperl« besonders brisante Bedeutung, galt es doch als Keimzelle des protestantischen Widerstands zur Zeit der Gegenreformation. Joseph II. bezeichnete die Kapelle als »entbehrlich«, und erst als 1830 drei Holzkreuze an der Außenseite angebracht wurden, machten die Gläubigen sie damit zur Kalvarienbergkirche.

Wer einmal hier war, kann bestätigen, dass eine besondere Magie von dem Ort am Fuße des beeindruckenden Grimming ausgeht. Der Lichteinfall ist bewusst in den Bau einberechnet, und die erst 1870 bei Restaurierungen entdeckten Wandmalereien aus dem 12. Jahrhundert zählen heute zu den bedeutendsten romanischen Relikten der Steiermark. Vor allem wohl auch deshalb, weil sie eine höchst seltsame Geschichte erzählen, denn sie stellen Mäuse und Katzen dar, die offenbar in eine Schlacht verwickelt sind. Experten gehen davon aus, dass die Mäuse Christen verkörpern sollen, während die Katzen die Anhänger des islamischen Glaubens symbolisieren. Oder ist alles doch nur ein großer Scherz, der aus der Vergangenheit nachklingt?

In Pürgg zeigt sich jedenfalls ein wohl durch die Kreuzzüge transferierter orientalischer Einfluss, sogar Allah-Schriftzeichen sind zu erkennen. Nichtsdestotrotz bleibt das »Kripperl« ein ganz besonderer sakraler Ort für die Steirer – Mäuse, Katzen und Allah hin oder her.

Adresse Pürgg 1, 8951 Stainach-Pürgg, Tel. 03682/22358 | Anfahrt über die B145 nach Pürgg, an der Ortseinfahrt parken, von hier kurzer Fußmarsch zur Kapelle; alternativ mit dem Zug zum Bahnhof Pürgg, von dort 10 Minuten zu Fuß | Tipp Besonders bemerkenswert ist der Adventsmarkt in Pürgg. Die alte Tradition ist aber alljährlich von Besuchermassen überlaufen.

75 Die Riegersburg

Das längste Saufgelage der Geschichte

»Anno 1635, den 6. April, hat das Sauffen angehebt und ale Tage ein Rausch gegeben biß auff den 26 detto.« Diese in ein Glasfenster des Rittersaals geritzten Zeilen erinnern an eines der berühmtesten Saufgelage, die auf der Riegersburg stattgefunden haben. Im Jahr 1618 kam die Herrschaft Riegersburg an Georg Christoph von Ursenbeck, eine aus Bayern stammende Adelsdynastie, die schon seit Jahrhunderten in der Steiermark Fuß gefasst hatte. Berüchtigt waren etwa Ludwig, Hansen und Peter Ursenbeck, die im Jahr 1470 an einer Verschwörung gegen Kaiser Friedrich III. beteiligt waren.

Die Ursenbecks besaßen auch Güter in Judenburg und bei Trofaiach. Wenige Jahre vor dem besagten Saufgelage auf der Riegersburg waren sie in den Grafenstand erhoben worden (1632), sie gehörten zum Niederösterreichischen Landständischen Adel und wurden von Erzherzog Karl II. zu Erbstabelmeistern ernannt. Dieser Titel bedeutete so viel wie »Leiter des Tafelzeremoniells bei öffentlichen Festmahlen«. Es ist also durchaus anzunehmen, dass mit dem von den Ursenbecks veranstalteten Trinkgelage auch die hohe Kunst des Stabelmeisters vorgetragen wurde.

Von Trinkgelagen in jener Zeit ist einiges bekannt, und so dürfte es auch auf der Riegersburg ganz ähnlich abgelaufen sein. Es wurde zunächst nach dem vom Grafen vorgeschriebenen Zeremoniell getrunken. Nach dem Willkommens- und dem Haustrunk folgten der Ehrentrunk und schließlich der Rund-, Kundschafts- und Freundschaftstrunk, bis es schließlich zum Wetttrinken kam. Es gibt Berichte, dass etwa am sächsischen Hof die Kavaliere den Auftrag hatten, die polnischen Gäste unter den Tisch zu saufen. Große Zechgelage waren vor allem an Universitäten berüchtigt. Ein 20 Tage andauerndes Gelage stellte aber sicher auch zu jener Zeit schon eine Besonderheit dar und zählt zu den Anekdoten, die sich bis heute um Riegersburg gehalten haben.

Adresse Riegersburg 21, 8333 Riegersburg, Tel. 03153/8346, www.dieriegersburg.at | Anfahrt über die B66 nach Riegersburg, Burg direkt im Ort | Öffnungszeiten April, Okt. täglich 10–17 Uhr, Mai–Sept. täglich 9–18 Uhr, Nov.–März Winterpause; neben Burgbesichtigung auch Greifvogelschau, Hexenausstellung und Taverne | Tipp In der Nähe befinden sich zahlreiche Attraktionen wie etwa die Schokoladenmanufaktur Zotter oder Schloss Kornberg.

76 Der Begrenzungsstein

Ein Stein der Erinnerung

Im Rathauspark von Schladming befindet sich seit 1993 ein recht schlichter Stein, der allerdings eine Geschichte zu erzählen hat. Er befand sich zuvor unmittelbar neben der Ennstal-Straße nahe dem Gasthof Pichlhof, dem damals ersten Spital der Schladminger Bergknappen. Dort war der Stein im Jahre 1588 aufgestellt worden. In seine Oberfläche sind die Buchstaben B.B.Z.S. für »Bürgerschafts-Burgfried zu Schladming« eingeritzt, dazu das einstige Wappen von Schladming (Eisen und Schlägel von einem S umschlungen) sowie die Jahreszahl 1588. Durch eine Neutrassierung der Ennstal-Straße musste der Stein verlegt werden. Es handelt sich dabei um den letzten erhaltenen Begrenzungsstein des Hoheitsgebietes der Schladminger Bürgerschaft.

So weit, so gut. In diesem Zusammenhang muss man wissen, dass die Schladminger Bürgerschaft und ihre Knappen in jenem Jahrhundert einen Leidensweg durchlebten, der im Jahr 1525 in eine Katastrophe mündete. Im Zuge der Lutherischen Reformationsbewegung, die vor allem von weit wandernden Knappen bis ins Ennstal getragen wurde, entbrannte auch hierzulande der Bauernaufstand. Der Sterbeochse, also die Herausgabe des besten Stücks Vieh beim Tod eines Bauern, hatte das Fass letztlich zum Überlaufen gebracht. Es kam zu Schlachten, Kleinkriegen und Hinrichtungen. Die Schladminger nahmen den steirischen Landeshauptmann Siegmund von Dietrichstein gefangen, ließen ihn aber wieder frei.

Das rächte sich. Dietrichstein ließ Niklas von Salm ein Söldnerheer aufstellen, das Schladming überrannte. Vor den Stadttoren wurden Hunderte Anführer des Bauernaufstands gehenkt, die Stadt wurde niedergebrannt und Schladming das Stadtrecht entzogen. Fünf Jahre später erhielt der Ort zwar wieder das Marktrecht, weil man die Bedeutung des Bergbaus nicht ignorieren konnte, aber erst 1925 (!) wurde er wieder zur Stadt erhoben.

Adresse Coburgstraße 45, 8970 Schladming | Anfahrt direkt an der Ennstal-Straße (B320), via Coburgstraße und Schulgasse zum Rathauspark | Tipp Wer in Schladming ist, muss sich natürlich auch die Planai anschauen. Der Zieleinlauf einer der berühmtesten Ski-Rennstrecken der Welt ist auch im Sommer beeindruckend, im Winter sowieso.

77__Das Bruderladenhaus

Ein ganz spezielles Stadtmuseum

Der architektonische Schatz Schladmings befindet sich etwas abseits des Ortszentrums. Es handelt sich um ein denkmalgeschütztes Holzhaus im bayerisch-salzburgisch-tirolischen Stil, das seit 1989 das Stadtmuseum beherbergt. Seine Geschichte reicht aber viel weiter zurück, und seine ursprüngliche Bestimmung war eine gänzlich andere.

Die Bergmannsymbole an seiner Fassade stammen aus dem Jahr 1661, sie weisen das Gebäude als Haus der Bruderlade aus, also als Knappenspital und Versorgungshaus für Witwen und Waisen verunglückter oder verstorbener Bergarbeiter. Den sozialen Charakter behielt das heute Bruderladenhaus (im Volksmund Bruderhaus) genannte Anwesen auch nach dem Ende des Bergbaus in Schladming bei. Im 19. Jahrhundert kaufte es die Gemeinde und machte daraus ein Wohnhaus für sozial schlechter gestellte Personen.

Kein Wunder also, dass in dem heute als Museum fungierenden Gebäude vor allem Schladmings Bergbaugeschichte erzählt wird. Hier wurden schon vor 2.000 Jahren Silber-, Blei und Kupfererze abgebaut. Vor allem vom Mittelalter bis zum Anfang des 18. Jahrhunderts machte die Suche nach Silber den Ort wohlhabend, danach wurden noch Kobalt, Nickel und zuletzt Braunkohle gewonnen.

Mit Hilfe zahlreicher Leihgaben aus der Bevölkerung werden nun in drei Räumen auch die Stadterhebung (1322), der Bauernkrieg und die Spannungen rund um Reformation und Gegenreformation geschildert. Außerdem macht ein »Bruderladenzimmer« spürbar, unter welch spärlichen Bedingungen die Knappen anno dazumal gelebt haben. Auch ein »Bergbaukundlicher Lehrpfad« wurde eingerichtet. Dem ursprünglichen Gedanken der Knappen wurde man im Jahr 1990 wieder gerecht, als im Großraum Schladming ein Sozialhilfeverein gegründet wurde, der Altenpflege, Hauskrankenpflege und Ähnliches übernimmt. Dieser Verein hat sich den Namen »Bruderlade« gegeben.

Adresse Talbachgasse 110, 8970 Schladming, Tel. 0676/3668090, https://museum.schladming.at | **Anfahrt** direkt an der Ennstal-Straße (B320), gleich nach der Ennsbrücke rechts in die Talbachgasse, 200 Meter dahinter Museum auf der rechten Seite | **Öffnungszeiten** Juni, Sept., Okt. Di, Do, 9–12 und 14–16 Uhr, Mi 9–12 Uhr, Juli, Aug. Di, Do, 9–12 und 13–16 Uhr, Mi und Fr 9–12 Uhr, an Feiertagen geschlossen | **Tipp** Im Sommer bietet sich eine Wanderung auf dem National-Geographic-Wanderweg »Wilde Wasser« an. Die Tour führt von Schladming durch das Untertal bis an den Riesachsee (www.wildewasser.at).

78 Das Stift Seckau

Die Geschichte eines Mordes

Adalram von Waldeck (um 1100–1182) war ein Adeliger mit Wurzeln im heutigen Niederösterreich. Seine zweite Frau hieß Richinza von Perg, von der er sich aber scheiden ließ. Der Grund dafür war, dass sein Vetter Adalbero von Feistritz (gestorben 1138) eine Affäre mit ihr hatte. Als Adalram davon erfuhr, erschlug er den Vetter. Ein Mord, der Folgen hatte.

Adalram beschloss, der Kirche von Salzburg ein Stift zu schenken, um im Gegenzug von seinen Sünden freigesprochen und von seiner Ehefrau geschieden zu werden. Und so geschah es. Am 10. Jänner 1140 vollzog er vor zahlreichen Zeugen (Udalrich von Graz, Erzbischof Konrad I. von Abensberg sowie die Bischöfe Reginbert von Brixen und Roman I. von Gurk) die Stiftung und gründete das Stift in St. Marein bei Knittelfeld.

Einer Urkunde aus dem Jahr 1143 ist zu entnehmen, dass das Stift »in loco Seccowe« – also an einem Ort, der Seckau genannt wurde – errichtet wurde. Nach einer Bauzeit von rund 20 Jahren wurde es 1164 fertiggestellt. Man nimmt an, dass der neue Ort weniger zugänglich war und deshalb mehr Ruhe versprach. Außerdem befand sich ganz in der Nähe ein wichtiges Sandsteinvorkommen, also wertvolles Baumaterial für das Kloster. Es gibt allerdings auch eine Sage über die Gründe für die Verlegung. Demnach verfolgte Adalram einen Hirsch bis weit in den Wald hinein. So lange, bis er sich müde an einen Baum lehnte und plötzlich ein helles Licht erblickte, unter dem sich Maria mit dem Jesuskind zeigte und rief »Hic secca!« (»Hier fälle!«). Der Propst des ersten Gründungsortes sah darin ein Zeichen, und als sie die Stelle aufsuchten, entdeckten sie in dem Baum ein Marienbild – jenes, das noch heute in der Basilika des Stifts Seckau zu sehen ist.

Sowohl Adalram als auch Richinza traten übrigens in das Doppelkloster von Seckau ein. Es war ein Akt der Buße für ihre Missetaten, den Ehebruch und den Mord.

Adresse Seckau 1, 8732 Seckau | Anfahrt von der S36 (Murtal Schnellstraße) bei Kobenz abfahren und der L517 bis Seckau folgen | Tipp Der Wipfelwanderweg Rachau kann wegen Sturmschäden nicht mehr begangen werden, aber die dazugehörige Erlebnisgastronomie »Fuchs und Henne« ist weiterhin geöffnet (Mitterbach 25, St. Margarethen bei Knittelfeld, Tel. 0316/81793411).

79__Der Bahnwanderweg

Als die Stradigeister vorüberzogen

Die »Schöne Ranzenbart-Traudel« oder der »Bucklichte Xaverl« – dergleichen Namen kursierten auf den Streckbriefen der 1820er Jahre, die eine wahrlich unruhige Zeit darstellten. Nach den Napoleonischen Kriegen zogen vagabundierende Gruppen durchs Land. Ehemalige Soldaten oder obdachlos gewordene Handwerker hatten beschlossen, vor allem in der Steiermark, dem heutigen Burgenland und Ober- und Niederösterreich raubend umherzuwandern. Dabei mieden sie die Städte, bevorzugten unwegsame Pfade über Berge und durch Schluchten. Ein loses Netz an Schutzhütten gewährte ihnen bei ihren Streifzügen Unterschlupf. Diese Banden wurde Stradafüßler genannt, manchmal auch Stradageister – die Männer Stradafisel, die Frauen Stradamusch.

Man schätzt, dass ihre Zahl mitunter auf bis zu 450 Personen stieg, die es zu einer wahren Meisterschaft im Rauben brachten. Dabei gingen sie äußerst perfide vor. Ein Art Vorhut, oft bettelnde Stradamusch, begutachtete die Häuser und bedachte sie danach mit Gaunerzinken, Zeichen, anhand derer sich die Nachhut orientieren und abschätzen konnte, ob sich ein Überfall lohnte.

Der Semmering-Bahnwanderweg bietet nicht nur herrliche Ausblicke auf das UNESCO-Weltkulturerbe Semmeringbahn, auf 16 Kilometern zwischen dem Semmeringer Bahnhof und Mürzzuschlag wandelt man auch auf den Pfaden der Stradafüßler. Man sieht den Sonnwendstein (1.500 Meter), von dem aus die Räuberbande einen perfekten Überblick hatte und Verfolger schnell ausmachte. Ende der 1820er Jahre wurden dennoch Dutzende von ihnen gefasst und einige auch gehängt. Damit war der Spuk vorbei. Der Semmering blieb jedoch noch lange Zeit ein unheimlicher Ort, denn die Mitglieder der Bande sollen noch jahrelang über die Berge gezogen sein. Ein Tipp für die heutigen Wanderer: Entlang der Strecke gibt es zahlreiche Einkehrmöglichkeiten – die Bahnwanderweg-Wirt'n.

Adresse Bahnhof Steinhaus am Semmering, Obere Bahnstraße 2, 8684 Spital am Semmering | Anfahrt mit dem Auto über die L118 oder mit der Bahn, Wanderweg entlang der Bahnstrecke bis Mürzzuschlag | Öffnungszeiten Infos zu den Bahnwanderweg-Wirt'n unter Tel. 0664/3322121 | Tipp Einige kleine Skigebiete bieten sich an, etwa die Berglifte Stuhleck (Bundesstraße 6c, Tel. 03853/270).

80 Die Semmeringbahn

Die spektakuläre Eisenbahn über den Semmering

Modellzüge fahren mit Semmering-Lokomotiven, und Zuggarnituren, Pläne, Skizzen und Bildbände sind ebenfalls zu sehen – das Informationszentrum Semmering gibt Einblick in eine spektakuläre Geschichte der Steiermark. Jeder Steirer lernt in der Schule, dass Carl Ritter von Ghega (1802–1860) die Semmeringbahn gebaut hat. Nun, zumindest hat er sie geplant, gebaut wurde sie von einem Heer an Arbeitern, von denen nicht alle überlebt haben. Die Semmeringbahn ist eine spektakuläre Teilstrecke der Südbahn, die erste normalspurige Gebirgsbahn Europas, seit 1998 UNESCO-Weltkulturerbe, und jeder, der mit dem Zug fährt und zwischen Gloggnitz und Mürzzuschlag aus dem Fenster schaut, muss staunen: 16 Viadukte, 14 Tunnel und mehr als 100 Brücken säumen diese Strecke, die malerische Aussichten gewährt.

Die Faszination für den Semmering stellte sich erst im 18. Jahrhundert ein. Bis dahin wurde der Semmering lediglich von Jägern und Säumern überwunden, als Handelsstrecke wurde er gemieden. Kaiser Karl VI. ließ 1728 zunächst eine Straße errichten. 100 Jahre später war es Erzherzog Johann – wer sonst? –, der eine Eisenbahnlinie zwischen Wien und Triest ersann. 1841 machte sich der eingangs erwähnte Carl von Ghega an die Planung für eine Semmering-Querung.

1848 wurde mit den Arbeiten begonnen, der Aushub aus den Tunneln wurde für die Brückenbauten verwendet, und gerade der Tunnelbau war extrem gefährlich. Am 27. Oktober 1850 starben 14 Bergleute nach einem Felssturz bei der Errichtung des Weinzettelwand-Tunnels. In sechs Jahren vollbrachten die rund 20.000 (!) Arbeiter eine Höchstleistung, wenngleich 89 Menschen bei Arbeitsunfällen ihr Leben verloren und mehrere hundert durch Krankheiten dahingerafft wurden.

Doch das Unmögliche gelang. Am 16. Mai 1854 fuhr Kaiser Franz Joseph mit Ritter von Ghega mit der Bahn erstmals über den Semmering. Ob sie dabei an die vielen Opfer gedacht haben, ist zu bezweifeln.

Adresse Informationszentrum Bahnhof Semmering, 2680 Semmering, Tel. 02664/84520 | Anfahrt mit dem Auto über die L118 oder mit der Bahn nach Semmering, Informationszentrum im überschaubaren Ortskern | Öffnungszeiten Mai – Okt. Do – So und Feiertage 9 – 15.30 Uhr, Anmeldung für Gruppen im Tourismusbüro Semmering unter Tel. 02664/20025 | Tipp Es gibt eigene Bahnwanderwege in Niederösterreich und der Steiermark (www.semmeringbahn.at).

81 Das Rauchhaus

Der Sessel, auf dem Kreisky saß

Das Rauchhaus in Semriach wurde im Jahr 2021 nach langer Sanierungsphase wiedereröffnet. Die neuen Pächter des Kaffeehauses sind seither Martin Mandl und Franz »Franky« Strametz, die beiden ehemaligen Pächter des St. Radegunder Kurhauses. Ins Auge sticht die ganz speziell ausgewählte Möblierung. Und diese lässt sich schon im Gastraum im Erdgeschoss ausmachen. In einer Ecke, fast unscheinbar, stehen zwei Sessel, auf denen einst Bundeskanzler Bruno Kreisky (1911–1990) saß. Entdeckt wurden sie im Rahmen einer Buchkauf-Aktion. Zusammen mit den von Kreisky signierten Büchern wurden kurzerhand auch die Stühle ergattert.

Doch das ist längst nicht alles. Im Keller des Rauchhauses befindet sich nämlich auch der Tisch, an dem einst Leopold Figl (1902–1965), der erste österreichische Bundeskanzler nach dem Zweiten Weltkrieg, Platz nahm. Figl war früher öfter in Semriach zu Besuch, das gute Stück soll nun zu besonderen Anlässen gedeckt werden.

Das Rauchhaus beherbergt übrigens auch noch eine Kühlanlage aus den 1950er Jahren, überhaupt ist das Haus selbst äußerst geschichtsträchtig. Der Gewölbekeller stammt aus dem Jahr 1361, schon im 14. Jahrhundert diente dieses Anwesen nachweislich als Gaststätte für Pilger und Wallfahrer.

Bekannt wurde es aber durch den Einkehrgasthaus- und Fleischereibesitzer Johann Grawatsch, der es im Jahr 1857 kaufte und bis zu seinem Tod im Jahr 1902 führte. Sein Enkel Georg Rauch übernahm danach das Ruder, seit damals trägt es auch dessen Namen. Es war in diesen mehr als 100 Jahren ein bis nach Graz beliebtes Gasthaus samt Sägewerk, Landwirtschaft, Selchkammer und Fleischerei. Bis zum Jahr 2000, dann stand es still, ehe sich im Jahr 2007 der Semriacher Investor Reinhard Hohenberg der renovierungsbedürftigen Immobilie annahm. Seit 2021 herrscht nun wieder Leben in dem altehrwürdigen Haus am Semriacher Markt.

Adresse Markt 30, 8102 Semriach | **Anfahrt** auf der L318 nach Semriach, Eckhaus linker Hand bei der Einfahrt zum Hauptplatz; alternativ Bus 140 von Graz nach Semriach | **Öffnungszeiten** Mi–So und Feiertage 9–19 Uhr | **Tipp** Auch in Semriach gibt es ein kleines Freibad, das bei sommerlichen Temperaturen herrliche Erfrischung bietet.

82 Das Steintor im Kesselfall

… und seine Geschichten

Geheimnisvoll ragt es vom Waldweg empor, das Steintor unweit des oberen Ausgangs der Kesselfallklamm. Diese Klamm entstand durch den Richtung Augraben stürzenden Rötschbach, der sich im Laufe der Jahrtausende eindrucksvoll durch die Felsmassen grub. Der Wanderweg ist mit Brücken und Stegen gut passierbar, doch sind die Geschichten, die er zu erzählen hat, manchmal wild.

Die Steiganlage durch den Kesselfall wurde bereits 1873 installiert. Höhepunkt war schon damals dieses Steintor. Durchgehend begehbar – vom Alten Sandwirt bis zur Kerschbaummühle auf einer Länge von 600 Metern – wurde die Klamm auf Betreiben von Ernst von Coelin vom Steirischen Gebirgsverein 1904. Bei der Eröffnung am 31. Juli 1904 waren 1.000 Besucher anwesend, eine Marmortafel beim Wasserfall erinnert an diesen denkwürdigen Tag.

Unwetter haben die Klamm seither häufig in Mitleidenschaft gezogen. Im Februar 2021 mussten wieder einmal umfangreiche Sicherungsarbeiten durchgeführt und die steile Felswand von Bäumen, Geäst und Geröll befreit werden. Dabei verlor Peter Rauch, einer der ehrenamtlichen Helfer, plötzlich den Halt, stürzte zunächst 40 Meter über den steilen Waldboden ab und danach 60 Meter im freien Fall in die Tiefe. Im nächsten Moment blickte der Landwirt aus dem Fenster und wunderte sich, warum man draußen mitten im Winter den Rasen mähte. Tatsächlich ist Peter Rauch erst Monate nach dem Unfall im Krankenhaus aus dem Koma erwacht. Nach mehreren Kopfoperationen ist er fast wieder der Alte, wie er selbst in einem Zeitungsbericht bestätigte. Heute erinnert ein Marterl an den 100-Meter-Sturz des Semriachers.

Zu den Attraktionen der Klamm zählt aber immer noch das Steintor, dessen mystischer Aura sich kaum ein Wanderer entziehen kann. Als wär's das Tor in eine andere Welt – eine Welt voller Gefahren und Geschichten.

Adresse Kesselfall/Sandwirt, Kesselfallstraße, 8102 Semriach, www.sandwirt-kesselfall.at; Koordinaten Steintor: 47.20591770522393, 15.400000484590231 | Anfahrt von Gratkorn durch den Ortsteil Friesach, auf der Semriacher Straße zum Gasthaus Sandwirt, von dort auf dem Weg 740 zur Klamm, Steintor kurz vor dem Ende, Rückkehr über einen Forstweg möglich | Tipp Von Semriach aus ist eine Schöckl-Besteigung besonders schön.

83 Der Red Bull Ring

Ein ohrenbetäubendes Wahrzeichen

Wenn bis nach Graz hinunter sämtliche Hotelzimmer, Pensionen und Campingplätze ausgebucht und die Autobahnen rund um St. Michael verstopft sind, dann wissen alle, was am Wochenende ansteht: ein Formel-1-Rennen am Red Bull Ring bei Spielberg.

Jacky Ickx gewann hier mit einem Ferrari das erste Rennen im Jahr 1970, damals noch beim »Grand Prix Österreich« in Zeltweg. Der Österreichring war danach jahrzehntelang die Strecke von Fittipaldi, Reutemann und Watson, später von Lauda, Prost, Mansell und Villeneuve. Zum A1-Ring wurde der Kurs in den Jahren 1997 bis 2003, ehe – nach einer Phase des längeren Umbaus – die Strecke zum Red Bull Ring wurde. Ab 2014 fanden wieder Formel-1-Rennen statt, Rekordhalter der jüngeren (und älteren) Geschichte ist Max Verstappen aus Holland mit vier Siegen.

Die Streckenlänge zum »Großen Preis von Österreich« betrug ursprünglich knapp sechs Kilometer. Zwischenzeitlich galt der Kurs als schnellste Strecke der Welt, Massenkollisionen und Abbrüche führten 1987 dazu, dass der Ring für zehn Jahre aus dem weltweiten Motorsportzirkus verbannt wurde. Ab 1995 betrug die Streckenlänge nur noch 4,3 Kilometer. Als der Rennzirkus Österreich 2003 aus finanziellen Gründen wieder den Rücken zukehrte, investierte der Milliardär Dieter Mateschitz in die imposante Strecke und eröffnete sie nach großem Umbau im Jahr 2014 als Red Bull Ring wieder. Sie ist auf drei Seiten von Hügeln umgeben, und auch wenn keine Rennen stattfinden, ist der Besuch dort ein kolossales Erlebnis. Die Arena inmitten der grünen Landschaft ist somit auch Anziehungspunkt für jene, die keine Motorsportfans sind.

Zur Gemeinde Spielberg im Aichfeld gibt es übrigens noch eine Anekdote: Die Großeltern des weltbekannten Filmregisseurs Steven Spielberg sind einst aus der Westukraine über Spielberg ausgewandert – dabei haben sie den Namen der Gemeinde angenommen.

Adresse Red Bull Ring Straße 1, 8724 Spielberg, Tel. 03577/20227030, www.redbullring.com | Anfahrt auf der A9 Richtung Norden, bei der Ausfahrt 133 auf die S6 (Murtal Schnellstraße) abbiegen, über die L545 und die L503 nach Spielberg | Öffnungszeiten Infos zu Veranstaltungen und Ticketverkauf siehe Website | Tipp Ein Besuch im Militärluftfahrtmuseum Zeltweg ist das perfekte Programm bei Regenwetter (Haldenweg 60, Tel. 0660/88763887).

84 Das Haus der Erinnerung

Die Vertreibung der Protestanten

Das Schloss Trautenfels ist heute im Besitz des Universalmuseums Joanneum. Neben einer Dauerausstellung zum Thema Natur und Kultur in der Region wird immer wieder auch eine Zeit in den Mittelpunkt gerückt, die die Gegend bis heute prägt. Wir blicken zurück ins 16. Jahrhundert: Im Ennstal wehrten sich die Protestanten gegen die katholische Indoktrination, die nach den Wirren von Reformation und Gegenreformation (1517–1555) brutale Auswüchse angenommen hatte. Die Habsburger wollten ihr Reich rein katholisch halten – mit allen Mitteln. Über ein Jahrhundert lang wurden Kirchen, Friedhöfe und Schulen dem Erdboden gleichgemacht, verräterische Schriften verbrannt und die Höfe gleich mit. Aber es kam noch schlimmer.

Am 7. Juni 1752 wurde eine fünfköpfige Familie nach Siebenbürgen deportiert. Doch die Menschen in der Region ließen sich weiterhin nicht bekehren. So wurden in Tauplitz, gleich gegenüber dem Schloss, in Zlem und im Wörschachtal am 2. August die Mitglieder von acht Familien aus ihren Häusern gezerrt. In Stainach trafen die rund 80 Personen auf weitere Leidensgenossen aus Irdning. Und auf den Kreishauptmann. Dieser ließ die Kinder von den Eltern trennen, die Erwachsenen wurden verbannt, die Kinder aber zurückgehalten, um sie fortan katholisch zu erziehen. Kaum vorstellbar, was sich an jenem Tag abgespielt haben muss.

Der »Marsch der Unbelehrbaren« führte bis ins ungarische Dorf Iklad bei Pest. Dort wurden sie »Landler« genannt. In der Folge kam es am Hof von Maria Theresia mehrmals zu Bitten um Familienzusammenführungen, die stets abgelehnt wurden. Erst in den 1990er Jahren, fast 250 Jahre später, nahmen die »Landler« wieder Verbindung mit dem Heimatland auf. In Iklad steht heute ein Denkmal, das an die Namen der Zwangsausgesiedelten erinnert. 2018 wurde diese tragische Geschichte im Schloss Trautenfels, in der Ausstellung »Gott und die Welt«, aufgearbeitet.

Adresse Trautenfels 1, 8951 Stainach-Pürgg, Tel. 03682/22233 | Anfahrt von der Ennstal-Straße (B320) aus gut zu sehen, im Kreuzungsbereich Bad Mitterndorf/Bad Aussee-Schladming-Liezen, gegenüber dem Grimming; alternativ Bus 940, 941 bis Haltestelle Trautenfels Schloss | Tipp Das Schloßteichstüberl ist bekannt für seine Fischgerichte und beliebt wegen seines gemütlichen Flairs (Neuhaus 27).

85_Die Krampushöhle

Heimstatt eines furchterregenden Wesens

Ein zweihörniges Monster treibt rund um den 5. Dezember seit jeher in der Steiermark sein Unwesen. Das schrecklich anzusehende Geschöpf – eine Abwandlung des griechischen Mythos rund um den Waldgott Pan – liebt es, ungehorsame Kinder mit seiner Weidenrute zu schlagen. Sie wissen natürlich, von wem die Rede ist: Er hat viele Namen, Bartl, Ganggerl, Kramperl, oder schlichtweg Krampus.

Während sich die Legende als Brauchtum niederschlug und noch vor ein paar Jahren mit kleineren Krampusläufen sowie Hausbesuchen des Unholds sein Auslangen fand, gibt es mittlerweile regelrechte Events um den Kult. Umzüge mit Dutzenden von Krampusgruppen, besucht von Tausenden Schaulustigen, beginnen mancherorts bereits Mitte November. Ganz abgesehen davon, dass dabei auch die Figuren des Perchtenlaufs – vermischt mit den Fratzen aus Fantasy-Filmen – mitmachen, die mit dem Krampus nichts zu tun haben. Denn die Perchten treten ausschließlich während der zwölf Raunächte zwischen dem 24. Dezember und dem 6. Jänner auf.

In Stallhofen im Bezirk Voitsberg wird versucht, dem Brauchtum wieder näherzukommen. Nicht nur, dass der Krampuslauf urtümlich gehalten wird, Kirchenwirt Bernd Rössl hat auch eine Krampushöhle sowie eine Dauerausstellung rund um den Bösewicht gestaltet. Dass dies ausgerechnet in Stallhofen geschehen ist, kommt nicht von ungefähr. Man sagt, der Stallhofener Bartl habe einst angekettet nahe dem Nikolauskreuz bei der Pfarrkirche gehaust. Die Menschen fürchteten sich vor dem Ungetüm, drangsalierten und quälten es aber auch, denn seine Ketten zügelten ihre Furcht. Doch am 5. Dezember riss sich der Bartl los. Brüllend sprang er hoch, die Menschen stoben auseinander, und der Bartl machte kehrt – direkt in den Wald hinein. Dort wohnt er seitdem in einer Höhle, und man weiß nicht, wer mehr Angst vor wem hat – der Bartl vor den Menschen oder die Menschen vor ihm? Nur in den Wald muss man sich halt erst einmal hineintrauen.

Adresse Gasthof Rössl, Stallhofen 11, 8152 Stallhofen, Tel. 03142/22945 | **Anfahrt** von der L315 im Ortsgebiet von Stallhofen auf die Kirchenstraße einbiegen, beim Gasthof Rössl links zum Friedhof, von dort weiter in den Wald und etwa 200 Meter bis zur Höhle | **Öffnungszeiten** 30. Nov. – 5. Dez. täglich 7 – 12 und 13 – 17 Uhr | **Tipp** Seniorwirt Bernd Rössl bietet auch »Waldbaden«-Ausflüge an, die beim Freizeitzentrum Stallhofen starten und beim Gasthof enden und den Gästen die Natur näherbringen.

86 Die Alte Kirche

Ein Schmuckstück, das wieder ins Zentrum rückt

Seit im Jahr 1867 die neue Pfarrkirche von »Barthl'mä« errichtet wurde, rückte die Alte Kirche ins Abseits. Auf einem freien, abschüssigen Feld etwas unterhalb vom Friedhof und dem Ortszentrum gelegen, stand sie seither lediglich als Aufbahrungshalle und für spezielle Festivitäten oder Musikdarbietungen in Verwendung. Im Glockenturm befindet sich seit einigen Jahren die »Koren Stub'n«, ein Hanns-Koren-Museum, das an den berühmten Landtagsabgeordneten und Schöpfer des »Steirischen Herbst« erinnert, der hier in der Nähe seinen Alterssitz hatte. An ihn erinnert auch eine vom Künstler Alfred Schloffer geschaffene Büste am Kirchenvorplatz – Hanns Korens (1906–1985) Grabmal befindet sich übrigens auch in St. Bartholomä.

In den letzten Jahren kehrte jedoch Bewegung in das Gemäuer der Alten Kirche. Die Gemeinde entschloss sich, das Gebäude, den weiter oben gelegenen Stadel und überhaupt den gesamten Hang zu sanieren und zum »Bartholomäer Kulturzentrum« umzugestalten. Die Übung ist gelungen. Im Herbst 2023 fand der erste Barthl'mäer Advent statt, ein Christkindlmarkt wie anno dazumal. Außerdem wurde ein Hanns-Koren-Denkmal errichtet, der Stadel wurde saniert und der Glockenturm der Alten Kirche renoviert.

Zur Historie: Experten schätzen, dass die erste Kirche von St. Bartholomä an der Lieboch um das Jahr 1200 von den Herren zu Plankenwarth errichtet wurde. Die Pfarre wird erst 1321 in einer Urkunde erwähnt – als »parrochie Lyboch«. 1373 wurde sie – wie auch der Ort – nach dem heiligen Bartholomäus, dem Kirchenpatron, benannt. Von Rudolf Pointner 1976 gestaltete Glasfenster stellen ebenfalls die Legende vom heiligen Bartholomäus dar. An der südlichen Mauer sind noch Reste eines spätgotischen Freskos zu sehen, das den heiligen Christophorus zeigt. Bis 1838 war die Alte Kirche von einem Friedhof umgeben, dessen Reste noch erkennbar sind.

Adresse 8113 St. Bartholomä, Tel. 03123/2257 | Anfahrt auf der L316 (St.-Bartholomä-Straße) durch den Ort, oberhalb der neuen Pfarrkirche rechts abbiegen, etwa 200 Meter bis zum Barthl'mäer Kulturzentrum | Öffnungszeiten April – Okt. täglich; Schlüssel für die »Koren Stub'n« während der Amtszeiten im Gemeindeamt auszuleihen (Mo, Mi, Fr 7 – 12 Uhr, Mi 13 – 19 Uhr) | Tipp Der Kirchenwirt von St. Bartholomä ist weithin bekannt – vor allem wegen seines urigen und gut sortierten Weinkellers.

87 Die Luahmbudl

Eine Kegelbahn aus dem 19. Jahrhundert

Durchaus möglich, dass Sie bei dieser Geschichte sprachliche Probleme haben. Kein Wunder, sind doch die Luahmbudler stolz auf ihre ganz speziellen Fachausdrücke. Gleich vorneweg: Es handelt sich keineswegs um eine herkömmliche Kegelstatt. Sie scheiben hier um Schounz und Wuschn, rollen dafür die Kugel auf dem Baum und hoffen, dass sie Eck, Bauch und Haxn treffen.

Zur Erklärung: Zwei Lehmbahnen sind durch eine 19,5 Meter lange und zwischen 25 und elf Zentimeter breite Holzplanke aus Erle, den »Baum«, getrennt. Doch nicht die Lehmbahnen sind die Bahnen, die Kugel – sie besteht meist aus Guajakholz, einem Hartholz aus Südamerika – muss auf der Holzplanke gerollt werden!

Die Luahmbudl von St. Bartholomä zählt zu den ältesten der Steiermark, sie ist eines der Wahrzeichen der Ortschaft am westlichen Rand des Bezirks Graz-Umgebung, steht unter Denkmalschutz und gilt als »Steirisches Wahrzeichen«. Gebaut wurde sie 1894 auf Initiative des Kirchenwirts Johann Track, der auch Bürgermeister war. 2007 hat man sie revitalisiert, seither wird sie von einem Verein zweimal pro Woche bespielt.

Zurück zum Regelwerk: Die Kugel darf den Baum nicht verlassen, bis sie auf die Kegel am Ende der Bahn trifft. Sie kann übrigens auch geworfen werden, muss dann den Baum nur kurz vor den Kegeln berühren. Die Kegel haben diverse Namen wie Bauch oder Haxl. Gekegelt wird um die Schounz – das im Einsatz stehende Geld – und ein Wuschn, also ein Extra-Spiel. Die Buchenholzkegel werden übrigens von einem Käiglbuam aufgestellt, einem Kegelbuben, der aus einem kleinen Windfang am Ende der Bahn agiert. Unter den Luahmbudl-Spielern gibt es steiermarkweit regen Austausch, so existieren etwa auch in Gasen und Übelbach intakte Bahnen. Und das Schönste: Die Budl ist fast so beliebt wie anno dazumal, vor allem bei Kirtagen oder in der Adventszeit, bei Hochzeiten oder anderen Anlässen.

Adresse Jaritzberg 77, 8113 Sankt Bartholomä; Luahmbudl-Verein: Obmann Franz Egger, Jaritzberg 77 | **Anfahrt** über die L316 (St.-Bartholomä-Straße), Luahmbudl in der ersten Kehre im Ort gegenüber dem Kirchenwirt | **Öffnungszeiten** Di und Do ab 18 Uhr, Budl via Kirchenwirt (Tel. 03123/37877) auch zu mieten | **Tipp** Wer die Bahn vor Weihnachten bewundern will, der kann das auf eine ganz besondere Art tun. Der Barthlmäer Adventsmarkt findet in der Luahmbudl statt – die Fensterteile werden herausgenommen und dienen als Durchreichen, auf der Kegelbahn breiten sich die Standler aus.

88 Die Wennerbrücke

Die stärkste Holzbrücke Europas

Die Steiermark – und ganz besonders das Obere Murtal – ist nicht nur extrem reich an Wäldern, sie ist auch stolz auf ihre Holzindustrie. Markanteste Meisterleistung des steirischen Holzbaus ist die derzeit größte freitragende und für den Schwerverkehr zugelassene Holzbrücke ganz Europas: die Wennerbücke, besser bekannt als »Holzeuropabrücke«. Diese Dreigelenkbogenbrücke verbindet die Gemeinden St. Georgen am Kreischberg und St. Lorenzen. »Sie ist 85 Meter lang, 8,60 Meter breit und überragt mit 25 Metern Höhe und einer Stützweite von 45 Metern freitragend die Mur«, heißt es in der offiziellen Darstellung der Gemeinde. Gefahren wird auf einer Betonstraße, die Tragfähigkeit beträgt 60 Tonnen. Die Brücke besteht aus 300 Kubikmetern Lärchenbrettschichtholz und 69 Tonnen Stahlverbänden.

Die handwerkliche Meisterleistung wurde im Jahr 1993 mit dem Geramb-Abzeichen für gutes Bauen gewürdigt und ist Teil der Steirischen Holzstraße sowie der Holzwelttour »Bau trifft Architektur«, die etwa das Rathaus und das Parkhaus von Murau, die Reithalle in Schöder und die Greimhalle in St. Peter am Kammersberg als besondere hölzerne Attraktionen aufzuweisen hat.

Verantwortlich für die Planung und Umsetzung der Wennerbrücke war seinerzeit die Abteilung für Holzbau der Technischen Universität Graz. Das Projekt kostete drei Millionen Euro und gilt bis heute als Impulsprojekt für die Holzindustrie im gesamten Murtal. In den Jahren 2003 und 2012 wurde die Brücke einer Prüfung unterzogen. Dabei wurden Verwitterungserscheinungen bei den Lärchenbrettern festgestellt, die aber zu erwarten waren. Experten gehen davon aus, dass die Tragfähigkeit der Konstruktion rund 80 Jahre gegeben sein wird.

Einen besonderen Anreiz gibt die Brücke übrigens auch für Fußgänger. Ein Spazierweg samt Infotafeln macht sie gut sichtbar und das Areal rundherum zum Erholungsraum.

Adresse Lorenzer Weg, 8861 St. Georgen am Kreischberg | Anfahrt auf der B97 nach St. Georgen, Brücke an der Ortseinfahrt; alternativ Regionalzug 630 von Unzmarkt bis Haltestelle St. Lorenzen/Murau, von dort rund 10 Minuten zu Fuß zum Kreischberg | Tipp Die Region eignet sich hervorragend zum Wandern: entweder durch den Günster Wasserfall oder auf die Grazer Hütte am Preber.

89_Das Stift St. Lambrecht

Wo der »Graffel-Pater« lebte

Um 1060/63 war erstmals die Rede von einer »Kirche des Heiligen Lambert im Walde«, noch vor 1076 begann der Bau eines Klosters. Doch hier soll es nicht um die Geschichte des Klosters gehen, sondern um einen seiner Mitbrüder, den Benediktinermönch Romuald Pramberger (1877–1967).

Pramberger lebte ab seinem 26. Lebensjahr im Stift St. Lambrecht. Doch nicht seine Tätigkeit als Mönch wird der Nachwelt ewig in Erinnerung bleiben, vielmehr sind es seine Feldforschungen im Bereich der Volkskunde. Pramberger begann schon früh, die Höfe der umliegenden Dörfer aufzusuchen, Dinge zu sammeln und Geschichten aufzuschreiben.

Dabei ging er obsessiv vor, er trug nicht nur Bücher, sondern auch Hausrat, Spielzeug, Werkzeug und Möbel zusammen. Er fuhr mit Ross und Wagen, im Winter mit dem Schlitten, und bald war er in der Region als »Graffel-Pater« bekannt. Pramberger sammelte die Gegenstände nicht nur, er fertigte auch Notizen dazu an. So verfügte er bald über eine Vielfalt an Geschichten, Sagen, Märchen und Witzen aus der Region.

Aber Pramberger war nicht nur ein guter Zuhörer, er konnte auch selbst erzählen. So hielt er Vorträge in der Steiermark, in Kärnten, in Wien, sogar in Deutschland trat er auf. Er gab auch Radiointerviews, erhalten geblieben ist aber leider kein einziges Tondokument. 1935 veröffentlichte er das Buch »Märchen aus Steiermark«, im Landesmuseum Joanneum sind heute 45 handgeschriebene Folianten, insgesamt rund 22.000 DIN-A4-Seiten, untergebracht. Seine Rolle während der NS-Zeit bleibt diffus. Er wurde Mitglied des SS-Ahnenerbes, eine NSDAP-Mitgliedschaft konnte bislang aber nicht nachgewiesen werden. 1943 ging er nach Salzburg, wo er für die »Lehr- und Forschungsstelle für germanisch-deutsche Volkskunde« tätig war. Nach dem Krieg kehrte er in die Steiermark zurück und blieb bis an sein Lebensende in Mautern.

Adresse Hauptstraße 1, 8813 St. Lambrecht, Tel. 03585/2305 | Anfahrt von der B96 in Teufenbach auf die L502 und direkt nach St. Lambrecht | Öffnungszeiten Mo–Do 7–15 Uhr, Fr 7–12 Uhr | Tipp Die Ruine Steinschloss aus dem 12. Jahrhundert rundet den Tagesausflug wunderbar ab.

90 Das Wildgans-Denkmal

Der Schriftsteller und das Bergdorf

Der Wiener Dichter Anton Wildgans (1881–1932) – zweimaliger Direktor des Burgtheaters und für den Nobelpreis für Literatur nominiert – erlitt bereits in jungen Jahren eine schwere Scharlacherkrankung, die ihm in späteren Jahren noch zu schaffen machte. Die Folgen, etwa Venenentzündungen, wurden erträglicher, wenn er die Sommer am »Eben-Schreibl«, einem Gehöft der Familie Kranz zwischen den Gemeinden Edelschrott und St. Martin am Wöllmissberg in der Weststeiermark, verbrachte. Der mit ihm befreundete Arzt und Dichter Hans Kloepfer behandelte Wildgans während dieser Zeit. Es ist belegt, dass Wildgans damals – es handelt sich um die Jahre 1924 bis 1927 – an seinem Werk »Kirbisch« schrieb, einem Epos, in dem er den Sittenverfall eines österreichischen Dorfes während des Ersten Weltkriegs satirisch darstellt.

Wildgans, der den Titel Hofrat trug und in Wien lebte, trank saure Milch am Abend, manchmal auch Schilcher, und neben Kloepfer kamen auch andere Dichter regelmäßig zu ihm zu Besuch, wie etwa Franz Nabl und in den 1930er Jahren Ernst von Dombrowski. Zum Abschied aus der Weststeiermark schrieb er ein längeres Gedicht, dessen letzter Vers lautet: »Ihr der Guten / Ihr der Lieben, / sei dies Lied / zum Preis geschrieben, / waren herzlich aufgenommen / wollen gerne wiederkommen, / Schriebl heißt der schöne Ort.«

Erst in den 1990er Jahren, mehr als 60 Jahre nach seinem Tod, setzte der Kultur- und Verschönerungsverein St. Martin am Wöllmissberg einen lang gehegten Wunsch nach einem Erinnerungsdenkmal um. »Bildhauer Alfred Schlosser schuf ein beeindruckendes, stelenartiges Denkmal und meißelte in den Naturstein Textstellen aus ›Rede über Österreich‹ von Anton Wildgans«, heißt es in der Ortschronik von St. Martin, aus der in diesem Beitrag zitiert wurde. Das Wildgans-Denkmal wurde am 26. Oktober 1996 feierlich eingeweiht.

Adresse St. Martinerstraße, 8583 St. Martin am Wöllmissberg | Anfahrt direkt an der Straße zwischen St. Martin und Edelschrott unweit des Hirzmann-Stausees am Rande eines Waldstücks, linker Hand in Fahrtrichtung Edelschrott | Tipp Das örtliche Heimatmuseum zeigt rund 800 Ausstellungsstücke, wird aber nur nach telefonischer Vereinbarung geöffnet (Tel. 03140/202 oder Tel. 0664/2812448).

91 Das Schloss Plankenwarth

Der Komponist, der im Schloss lebte

Sir Karl Haidmayer (1927–2021) liebte seinen Jacuzzi, spielte bis ins hohe Alter trotz eines Gelenkleidens virtuos Klavier und war ein Gentleman durch und durch. Der Mann mit der weißen Lockenpracht war bis ins hohe Alter mit dem eigenen Auto in der Region unterwegs, die Leute nannten ihn »Sir«, und dass »jemand wie er« in einem Schloss lebte, war durchaus angemessen. Der Mann war ein Musikvirtuose. Und Ritter vom heiligen Lukas von Antwerpen – er wurde tatsächlich von Grandmaster Theodore I. zum »Sir« ernannt.

Haidmayer schrieb 18 Sinfonien, die in Wien, Zürich, Reykjavík, Genf und Südafrika uraufgeführt wurden. Er war als Pianist zu seinen besten Zeiten weltweit gebucht, füllte Konzertsäle, und sein Œuvre aller Eigenkompositionen reichte für 96 Stunden – also vier Tage nonstop Musik. Er war Lehrer an der Grazer Kunstuniversität und am Wiener Konservatorium, schrieb Kritiken und komponierte die Melodien für mehr als 40 TV-Produktionen und rund 400 Klaviersonaten, Orgelwerke und Messen.

Am 21. Oktober 2000 wurde seine 15. Sinfonie »Gratkorn 2000« in der Basilika des Stifts Rein uraufgeführt. Die Gemeinde bezeichnet den Konzertsaal der Musikschule seitdem als »Karl-Haidmayer-Saal«.

Haidmayer lebte zuletzt in den Räumlichkeiten der ehemaligen Burgtaverne unterhalb der kleinen Ludwigsburg in Plankenwarth. Die Hauptburg der Anlage wird 1265 erstmals urkundlich erwähnt und dürfte ein freies Eigen der Herren von Plankenwarth gewesen sein. Ihre späteren Besitzer waren unter anderem die Herren von Ungnad und Graf Saurau. Plankenwarth war eine Kreidfeuerstelle (Signalfeuer), wurde im 17. Jahrhundert barockisiert und zum Schloss umgebaut. Im 19. Jahrhundert lebte hier »Generalin« Emilie Sarah Engelbronner d'Aubigny de Peché (siehe Ort 31), seit 1981 ist das Schloss im Besitz der Anwaltsfamilie Waisocher, die das Anwesen zwischenzeitlich auch als Hotel führte.

Adresse Plankenwarth 1, 8113 St. Oswald bei Plankenwarth | Anfahrt direkt an der L332 von Gratwein-Straßengel nach St. Oswald | Öffnungszeiten Privatbesitz, nur bei Veranstaltungen zugänglich, aktuelle Infos bei Facebook | Tipp Unterhalb des Schlosses befindet sich der Schlossteich, dessen Seetaverne ein beliebter Ort für Festivitäten aller Art ist.

92 Die Frauen-Kultstätte

Ausgrabungen auf dem Grazer Hausberg

Er ist *das* Wanderziel für alle Steirer aus dem Grazer Becken schlechthin, manche überbieten sich darin, wer öfter auf den Berg steigt. Pro Jahr, pro Woche – pro Tag. An Wochenenden tummeln sich mehrere tausend Besucher auf dem Plateau, doch seit dem Jahr 2015 sind immer wieder kleinere Areale zwischen Ostgipfel und Sendemast mit Bändern abgegrenzt. In den offenen Wiesenstellen graben Archäologen im Gestein, und die ersten Erkenntnisse dieser Grabungen wurden bereits im Universalmuseum Joanneum ausgestellt. Sie sind beeindruckend, denn der Schöckl – Mons Sekkel, wie er einst geheißen hat – dürfte eine Frauen-Kultstätte gewesen sein.

Die Forschungsarbeiten wurden vom Institut für Archäologie der Karl-Franzens-Universität unter der Leitung von Manfred Lehner durchgeführt, und seit den Jahren 2017 und 2019 ist gewiss: Auf dem Schöckl befand sich ein prähistorischer Brandopferplatz, auf dem im 2. und 3. Jahrhundert nach Christus Kultgebäude sowie mehrere Weiheplätze lagen. Hier wurden Tausende Glasperlen, Münzen, Fingerringe und Kleinfiguren aus dem 3. und 4. Jahrhundert entdeckt. Die Forscher gehen davon aus, dass es sich um einen von Frauen und Mädchen aufgesuchten, einer oder mehreren weiblichen Gottheiten gewidmeten heiligen Bereich handelte.

Man fand zudem überlebensgroße weibliche Marmorstatuen, eine davon erinnert an eine sitzende Mutter- oder Ammengöttin (Nutrice), die als Beschützerin der Kinder galt. Interessant sind auch die Münzfunde, denn sie gehen teilweise auf die Zeit von Constantinus II. (317–361) zurück. Die Kultstätte auf diese Zeit einzuschränken ist allerdings kaum zielführend, da auch nachgewiesen wurde, dass vor allem im 13. Jahrhundert Grabräuber am Werk waren, die wohl die kostbarsten Fundstücke mitgenommen haben. Trotz dieser Raubgrabungen wurden aber immer noch Perlen und insgesamt 102 Münzen sowie Gold sichergestellt.

Adresse 8061 St. Radegund bei Graz; Koordinaten Schöckl: 47.183395372922504, 15.466658052006277 | **Anfahrt** von Graz aus via Annagraben und Weinitzen nach St. Radegund, von dort mit der Gondel oder über zahlreiche Wanderwege auf den Schöckl | **Öffnungszeiten** ganzjährig zugänglich | **Tipp** In den letzten Jahren wurden die Schöckl-Fundstücke immer wieder in kleineren Sonderausstellungen präsentiert, etwa im Archäologiemuseum im Schloss Eggenberg.

93__Das Kurhaus

Die Geschichte des heilenden Wassers

Am Fuße des Schöckls, des Grazer Hausbergs und mythologisierten Blocksbergs, auf dem Hexen ihr Unwesen treiben sollen, liegt der weithin bekannte Kurort St. Radegund. Von hier startet die Gondel auf den Berg, und natürlich führen zahlreiche Wanderwege auf den Gipfel. Allerdings ist St. Radegund seit rund 150 Jahren mehr als nur Ausgangspunkt für ein »alpines« Abenteuer für Städter, es wurde einst sogar zum internationalen Anziehungspunkt Erholungssuchender.

Wir befinden uns am Beginn jener Zeit, in der zumindest für manche Menschen so etwas wie eine Sommerfrische schon möglich war: im 19. Jahrhundert. Im Jahr 1841 suchte der Arzt Augustus Demelius um die Genehmigung zur Führung einer Wasserheilanstalt an. Der Erfolg stellte sich bald ein. Als Gustav Novy Kurarzt wurde, reiste auch vermehrt ungarischer Adel in die Schöcklnähe, um sich zu erholen. 1870 ließ Novy dann einen »Cursaal« errichten, einen Speisesaal für Kurgäste, der aber auch für Veranstaltungen genutzt wurde. Von hier aus unternahmen die Gäste Spaziergänge durch die Quellwasser. Kneipp- und Meditationswege führten, gepaart mit der frischen Luft, zu großartigen Ergebnissen. Heute ist im Kurhaus ein Kaffeehaus untergebracht, ein Reha-Zentrum sorgt nach wie vor für den Zustrom von Patienten.

Eine der Sehenswürdigkeiten des Ortes ist der Novystein, ein 20 Meter hoher Obelisk, der auf der Fürwallnerhöhe steht. Er wurde 1883 von Kurgästen angebracht. Auf dem Stein steht: »Dem Wohltäter vieler Leidenden, dem großen Meister Gustav Novy, von dankbaren Kurgästen.« Die insgesamt 22 im 19. Jahrhundert gefassten Quellen – sie tragen häufig die Vornamen nobler Kurgäste wie etwa Bertha-, Melanie- oder Katharina-Quelle – können über die St. Radegunder Quellenwege besucht werden. Und eines ist gewiss: Nach einem Besuch in St. Radegund fühlt man sich stets ein wenig besser, frischer, ausgeruhter …

Adresse Schöcklstraße 1, 8061 St. Radegund bei Graz, Tel. 0664/3007161 | **Anfahrt** auf der B72 (Weizer Straße) von Graz Richtung Weiz, auf Höhe Fasslberg Abzweigung Richtung Radegund | **Öffnungszeiten** Mi – So 9 – 19 Uhr | **Tipp** Der Kletterpark Schöckl in der Schöcklstraße 23 ist ein – bei schwindelfreien Sportlichen – begehrter Freizeitspaß (Tel. 0677/62422725).

94 Der »Arnie«-Wanderweg

Auf den Spuren der »Steirischen Eiche«

Der Schauspieler, Ex-Politiker und ehemalige Bodybuilding-Profi Arnold Schwarzenegger (geboren 1947) wuchs in der kleinen Gemeinde Thal westlich von Graz auf. Von hier aus erreichte er all seine großen Ziele. Zunächst trainierte er in Graz im Fitnessstudio, wurde in den 1970er Jahren Bodybuilding-Ikone (Mister Universum und sieben Mal Mister Olympia), schaffte es nach Hollywood und startete eine beispiellose Schauspielkarriere (»Conan«, »Terminator«, »Total Recall«, »Running Man«, »Twins«). Das Glück war ihm weiter hold, er lernte Maria Shriver aus dem berühmten Kennedy-Clan kennen, heiratete sie, wurde Gouverneur von Kalifornien und wird in den letzten Jahren sogar immer wieder als künftiger Präsidentschaftskandidat der Republikaner in den USA gehandelt (wenngleich dafür aufgrund seiner Herkunft noch die Verfassung geändert werden müsste). Er ist wohl einer der berühmtesten Menschen, die je auf diesem Planeten gelebt haben.

In Thal weiß man das. Sein Geburtshaus ist heute ein Museum, in dem Exponate seiner wichtigsten Filme zu sehen sind. In Thal gibt es auch einen See, an dessen Ufer ein Boot ausgestellt ist: In diesem Boot hat Schwarzenegger Maria Shriver einst den Heiratsantrag gemacht. Die Ehe ist mittlerweile geschieden, »Arnies« Karriere nimmt aber weiter ihren Lauf. »Die steirische Eiche« kommt regelmäßig nach Österreich, wenngleich seit dem Tod seiner Mutter Aurelia eher die Ski-Metropolen Kitzbühel und Schladming auf seinem Reiseplan stehen.

Eines gibt es in Thal aber noch: den Arnold-Schwarzenegger-Wanderweg. Das ist ein 7,3 Kilometer langer Rundwanderweg, der das Museum als Start- und Zielpunkt ausweist. In rund zwei Stunden spaziert man durch die beschauliche Gemeinde, über sanfte Hügel und entlang wenig befahrener Straßen. Man muss kein Kraftpaket sein, um diesen Wanderweg zu beschreiten, umso mehr hat man Zeit, an den größten Sohn Thals zu denken.

Adresse Start- und Zielpunkt: Arnold-Schwarzenegger-Museum, Linakstraße 9, 8051 Thal | Anfahrt Bus 48 von Graz-Gösting, Haltestelle Thal-Kirchberg, von dort rund 1,2 Kilometer zu Fuß zum Museum | Tipp Natürlich sollte man auch den Thalersee besuchen, wenn man schon einmal hier ist. Er befindet sich einen Kilometer vom Museum entfernt, samt Bootsverleih, Restaurant und Rundweg um den See.

95 Die Ernst-Fuchs-Kirche

Eine moderne Interpretation des Paradieses

Thal ist bekannt als Geburtsort von Arnold Schwarzenegger. Es ist mit Thalersee, Langlaufloipe und Golfplatz ein Top-Ausflugsziel der Grazer. Thal hat aber auch ein längst über die Grenzen hinaus bekanntes Gebäude zu bieten: die skurrile Taufkirche Schwarzeneggers, die Pfarrkirche, die nach ihrem Schöpfer »Ernst-Fuchs-Kirche« genannt wird. Eine verwirrende, in vielen Farben schillernde architektonische Erscheinung.

Die Thaler Kirche war einst eine unscheinbare Kapelle, die seit dem Jahr 1618 dem heiligen Sebastian geweiht war. Da dieser ein Pestheiliger war, dürfte sich hier ein Pestfriedhof befunden haben. 1772 wurde die Kapelle schließlich ausgebaut und zur Pfarrkirche erhoben, die wiederum dem heiligen Jakobus dem Älteren geweiht wurde. Seit dem Jahr 2010 ist die Pfarrkirche deshalb auch Ausgangspunkt für den Weststeirischen Jakobsweg, der schon im 11. Jahrhundert existierte und bis zum spanischen Santiago de Compostela reicht.

Die Thaler Jakobskirche steht unter Denkmalschutz, als aber 1987 der damalige Bischof Johann Weber den Auftrag erhielt, den Kirchenbau zu erneuern, holte er sich einen Experten für denkmalgeschützte Bausubstanzen – den Architekten Manfred Fuchsbichler, der schon mit Friedensreich Hundertwasser an der Barbarakirche in Bärnbach gearbeitet hatte. Als künstlerischer Leiter des Projektes stand Fuchsbichler der Mitbegründer der Wiener Schule des Phantastischen Realismus zur Seite: Ernst Fuchs. Auch Fuchs war mit sakralen Bauten bereits vertraut, hatte er doch St. Egid in Klagenfurt sowie ein Triptychon in Hetzendorf bei Wien gestaltet. In den Jahren 1992 bis 1994 entstand in Thal also etwas Faszinierendes. Die Ernst-Fuchs-Kirche glitzert und ist lichtdurchflutet, die Farben reichen von Türkis bis Altrosa, Glas ist ein wesentlicher Baustoff, und im Innenraum fühlen sich die Besucher in eine unwirkliche Umgebung versetzt – ins Paradies auf Erden.

Adresse Kirchbergstraße 7, 8051 Thal | Anfahrt über die Thal- und die Unterthalstraße direkt auf den Kirchberg, Parkmöglichkeiten vorhanden; alternativ Bus 48 von Graz-Gösting ins Zentrum von Thal | Öffnungszeiten Di–So 11–18 Uhr | Tipp Natürlich sollte man in Thal auch einen Besuch im Schwarzenegger-Museum in der Linakstraße 9 einplanen.

96 Das Bollwerk

Das »Toer in der Aynoed«

Wer von Kapfenberg aus Richtung Mariazell fährt, passiert ein schmales Tal, in dem sich wiederum ein seltsam anmutendes Örtchen befindet, das sich Thörl nennt. Dieses Thörl war einst eine Straßensperre (1345 urkundlich nachgewiesen) und wurde als »Toer in der Aynoed« bezeichnet.

Ursprünglich sah dieses Tor natürlich anders aus. Es war Teil einer Schlossanlage, bestand aus einer tonnengewölbten Durchfahrtshalle, die sicherlich bewacht war, und jeder, der hindurchwollte, wurde argwöhnisch beobachtet. Im 14. Jahrhundert begann man in der Region mit der Eisenproduktion, zahlreiche Gewerke waren im Laufe der Zeit hier tätig. Bis 1995 fuhr auch die Thörler Bahn hierher, die nach einem Konkurs aber eingestellt wurde. Die Gleise wurden 2004 abgetragen, aus der Bahntrasse wurde ein Geh- und Radweg.

1980 wurde das Schloss genauso wie die daran anschließende Barbarakapelle revitalisiert. Diese Kapelle zieren ein Freskenschmuck, geschaffen von Josef Adam von Mölck im Jahr 1776, sowie eine pneumatische Orgel – 1906 hergestellt.

Auch die Burgruine Schachenstein befindet sich im Ort. Während sich das Schloss aus dem bereits erwähnten Tor gebildet hatte, galt die nach dem St. Lambrechter Abt Johann II. Schachner von Lambrecht benannte Festung vor allem im 16. Jahrhundert als Bollwerk gegen die drohende Türkengefahr. Der Verfall der Burg dürfte aber bereits im Jahrhundert darauf eingesetzt haben. Heute versucht die Thörler Landsknechttruppe »Schachensteiner«, das Anwesen zu erhalten – es finden hier auch immer wieder Veranstaltungen statt. Außerdem wird das Schloss, das heute zu Wohn- und Repräsentationszwecken benutzt wird, bei Veranstaltungen der Öffentlichkeit zugänglich gemacht. Die Kapelle kann für Hochzeiten, Taufen und Ähnliches genutzt werden. Sie bietet Platz für 100 Personen. Das »Toer in der Aynoed« wird so zum Tor ewiger Erinnerung an einen Ort mit viel Geschichte.

Adresse Kulturzentrum Schloss Thörl, Thörl 19, 8621 Thörl | Anfahrt über die B20 nach Thörl; alternativ Bus 170 vom Kapfenberger Bahnhof nach Thörl | Öffnungszeiten auf Anfrage unter Tel. 0664/7969966 | Tipp In Thörl befindet sich linker Hand die Abzweigung in Richtung Bodenbauer/Hochschwabgebiet, ein sommers wie winters überaus empfehlenswertes Wanderareal.

97 Das schiefe Kreuz

Die verzweifelte Flucht vor den Franzosen

Es war ein Ablenkungsmanöver. Im Jahr 1805, im Laufe des Zweiten Koalitionskrieges, flieht die kaiserliche Armee Franz' I. vor den Truppen Napoleons. Selbst als sie sich in Braunau am Inn mit den Russen vereint, bleibt ihr nichts als der Rückzug. So teilt sich das Heer. Während die Hauptstreitmacht nach Wien hetzt, um die Hauptstadt zu schützen, versucht ein kleinerer Teil, die Franzosen über die Berge in die Steiermark zu locken. Der Beginn einer verzweifelten Flucht.

Nicht alle sind gleich schnell. Die Nachhut der Österreicher wird immer wieder in Scharmützel verwickelt. Während es bis Steyr noch gelingt, die Verfolger auf Distanz zu halten, kommt es auf der Passhöhe Zellerrain bei Mariazell am 8. November 1805 zur offenen Schlacht. Oder besser: zum entsetzlichen Gemetzel.

Die französisch-bayerische Armee wird ihrem Nimbus der Unbesiegbarkeit gerecht. Unter dem Befehl von Generalleutnant Louis de Friant (1758–1829) brausen die Angreifer über die Österreicher hinweg. Mehr als 1.500 Soldaten fallen an einem einzigen Tag, die Fliehenden werden gnadenlos verfolgt, der Wallfahrtsort Mariazell wird noch am selben Tag geplündert, die Österreicher rennen die ganze Nacht um ihr Leben.

Doch damals liefen nicht nur die Soldaten auf und davon, auch die Bevölkerung ergriff panisch die Flucht vor den Invasoren. Alles, was laufen konnte, versteckte sich in den Wäldern. In Seewiesen etwa rettete sich die Bevölkerung auf den Höllkampl in 1.440 Metern Höhe. Am Weg zur Voisthalerhütte brachten sie zum Dank für ihr Überleben später ein Franzosenkreuz an. Im Laufe der Zeit wurde dieses Kreuz stets erneuert, durch Felslawinen wurde es allerdings so verbogen, dass es abgebaut und durch ein neues ersetzt werden musste. Das verbogene Kreuz steht heute unweit des Gasthofs Bodenbauer am Fuße des Hochschwabs in St. Ilgen. Am Zellerrain befindet sich allerdings kein einziger Hinweis auf diese Schlacht.

Adresse St. Ilgen 111, 8621 Thörl | Anfahrt über die A9, die S35 und die B20 nach Thörl, von dort via St. Ilgen immer der Straße nach bis zum Kreuz nahe dem Gasthof Bodenbauer | Tipp Der Gasthof Bodenbauer ist ein beliebter Ausgangspunkt für Wanderungen zur Sonnschienalm und zum Teufelssee. Im Winter eignet sich die Gegend hervorragend zum Langlaufen und Schneeschuhwandern.

98__Der wandelhafte Grüne See

Der »schönste Platz Österreichs«

Im Winter, noch bevor das Tauwetter einsetzt, ist ein Spaziergang rund um den Grünen See mit ein paar Bankerl-Pausen eine herrliche Abwechslung. Wie beliebt das Ausflugsziel auch im eigenen Land ist, zeigt eine Umfrage einer Tageszeitung, die vor einiger Zeit den Grünen See mit dem Titel »schönster Platz Österreichs« auszeichnete.

Doch jedes Jahr aufs Neue verschwinden die Bankerl im Frühling, die Wanderwege versinken, Bäume tauchen unter. Das mysteriöse Ereignis macht den See für Taucher zum Paradies, denn er birgt dann plötzlich eine geheimnisvolle, durchaus unheimlich anmutende Unterwasserlandschaft, erreicht bis zu neun Meter Tiefe und bietet Sichtweiten von 50 Metern.

Natürlich hat das Phänomen einen simplen Grund: Im Frühling setzt das Schmelzwasser ein, und vom Hochschwabmassiv dringt das Wasser in den See, der dann geheimnisvoll schwarzgrün schimmert. Diese Färbung wurde bis 2014 als Selbstverständlichkeit hingenommen – doch dann hat ein Hollywoodstar alles verändert. Ashton Kutcher postete das Bild aus einem Magazin, das eine Bank im See unter Wasser zeigte, auf einer Social-Media-Plattform. 15 Millionen Follower machten den Grünen See schlagartig zum internationalen Star unter den Ausflugszielen.

Mit dem Effekt, dass es zu einem Verbot kommen musste. Seit 2016 ist es nicht mehr erlaubt, in dem See zu tauchen, da befürchtet wird, dass sich dadurch das Wasser trübt. Die Popularität – damals waren jährlich bis zu 2.500 Taucher im See – trug dazu bei, dass die Unterwasserwelt nur noch mit Ausnahmegenehmigungen zu genießen ist. Für Touristen ist der See immer noch eine Attraktion, immerhin kommen jährlich rund 100.000 Besucher. Tragöß berichtet, dass an Wochenenden 800 Fahrzeuge pro Tag (!) am Parkplatz gezählt werden.

Adresse 8612 Tragöß-St. Katharein, Ortsteil Oberort | Anfahrt via Bruck an der Mur und Tragöß bis zum Großparkplatz am See (kostenpflichtiges Tagesticket); alternativ Bus 175 direkt zum Grünen See (nur in den Sommermonaten) | Tipp Die Pfarrkirche Tragöß-Oberort ist sagenumwoben. Hier wurde 1493 der Pfarrer ermordet. Ein Votivbild aus dem 16. Jahrhundert im Inneren der Kirche schildert die Tat.

99 Die Gleinalm

Dicht begangene Saumwege

Alle zwei Jahre lädt die Marktgemeinde zum Saumwegsperren. Dafür fahren Shuttlebusse vom Marktplatz bis zur Bockstaller Hütte. Die Wanderung führt von Großstübing über Pleschkogel bis zum Stift Rein und wird musikalisch begleitet. Wie sich die Zeiten doch ändern. Was heute als Freizeitvergnügen verkauft wird, war einst Überlebenskampf pur. Entweder weil es der direktere Weg war oder weil man Mautstellen oder feindlichen Übergriffen aus dem Weg gehen wollte, stellten Säumer wichtige Handelsrouten über die Berge her. Einer dieser Trampelpfade führte zum Beispiel über die Gleinalm ins Murtal und war von großer Bedeutung für die Region.

Säumen gehörte bis ins 19. Jahrhundert zum Alltag. Das Wort stammt von »Saum«, einem alten Maß für die Last, die ein Pferd tragen konnte (130 Kilo oder 120 Liter), und so wird auch schon klarer, wie das Ganze vonstattenging. Die Säumer erklommen mit ihren Lasttieren die Pässe und wählten die möglichst schnellsten Wege von A nach B, welche mit Karren und Kutschen nicht befahrbar waren.

Teilweise herrschte aber so dichter Verkehr über die Berge, dass Kaiser Friedrich III. (1415–1493) das Säumen im Jahr 1489 verbieten ließ, außerdem beschwerten sich die Leobener und Brucker über entgangene Mauteinnahmen. Man muss sich vorstellen: Das Stift Rein ließ sich das Salz aus ihren Minen im Altaussee bringen, das Stift Seckau den Wein aus Radkersburg, Luttendorf und Wiltschein. Dazu kamen die Flößer, die auf dem Rückweg waren, Hirten, Viehhändler, Handwerker, Boten – ja, diese Wege waren heiß begehrt. Bauernhöfe fungierten als Umladestationen. Hier wurden die Waren übergeben, sodass die Säumer ihre Last ablegten und sich mit einer anderen wieder auf den Rückweg machten.

Die Übelbacher feiern das Saumwegsperren heute wie einen Almkirtag und laden Schaulustige und Hobbysportler alljährlich ein, an Wandertagen teilzunehmen.

Adresse Ausgangspunkt der Wanderung: Bockstaller Hütte, Neuhof, 8124 Übelbach; alternativ Gleinalm-Schutzhaus, Neuhof 49, 8124 Neuhof | Anfahrt auf der A9 (Pyhrnautobahn) bis Übelbach, dann auf der L385 bis Neuhof (oder den markierten Wanderweg nehmen) | Öffnungszeiten Mai–Sept., im Schutzhaus Mo und Di Ruhetag, aber nicht für Weitwanderer und Pilger | Tipp Im September findet alljährlich der Michaelikirtag statt, der altes Handwerk präsentiert und an die Säumer erinnert.

100 Der Marktplatz

Warum Übelbach so einheitlich aussieht

»Ich komme von einer Stätte des Unglücks [...] Übelbach ist ein Schauplatz grenzenlosen Elends und Jammerns [...].« Graf Wickenburg, Gouverneur des Herzogtums Steiermark, löste mit diesen Zeilen im »Steirischen Intelligenzblatt« am 1. April 1844 eine Welle der Hilfsbereitschaft aus. Rund eine Woche zuvor war es zu einem Unglück gekommen, dessen Ursache mysteriös blieb.

Am 22. März brach im Stall des Chirurgen Joseph Lutzenberger ein Feuer aus. Die Flammen breiteten sich so schnell aus, dass binnen wenigen Minuten der halbe Markt Übelbach im Vollbrand stand. Die Bewohner brachten sich, so gut es ging, in Sicherheit, das Feuer forderte kein einziges Menschenleben. Doch innerhalb von zwei Stunden lagen 28 Wohnhäuser und 29 Wirtschaftsgebäude in Schutt und Asche, 72 Familien waren über Nacht obdachlos geworden. Kaum ein Handwerker, der noch ein Dach über dem Kopf hatte.

Dass der Brand überhaupt in den Griff bekommen wurde, ist nur dem Hammergewerken Johann Pachernegg zu verdanken, der einen Löschapparat hatte. Eine Feuerwehr im heutigen Sinn gab es damals nicht. Doch Pachernegg und andere berichteten später Merkwürdiges. Als Bezirkskommissär Franz Kniey Zeugen befragte, erzählte jemand, er habe schnelle Schritte gehört, die sich vom Brandherd entfernt hätten. Ein Kutscher hatte außerdem auf drei Unbekannte geschossen, aber offenbar sein Ziel verfehlt, denn sie verschwanden spurlos.

Der Schaden betrug schließlich 52.000 Gulden Conventionsmünze, mangels Versicherungen wurden aber nur 8.000 ausbezahlt. Wickenburgs Schreiben brachte Hilfslieferungen aus Linz, Wien und Graz. Weitere rund 8.000 Gulden wurden gespendet, außerdem Lebensmittel und Kleidung. Mit großem Tempo wurde auch der Wiederaufbau betrieben, und schon im Herbst waren die ersten Häuser fertig. Dadurch erhielt der Übelbacher Marktplatz sein heutiges Aussehen, das ihn so homogen erscheinen lässt.

Adresse Alter Markt, 8124 Übelbach | Anfahrt auf der A9 (Pyhrnautobahn) bis Übelbach, dort rechts zum Alten Markt einbiegen; alternativ S-Bahn (»Übelbach-Bahn«) von Graz mit Endstation Übelbach | Tipp Übelbach ist die »1. Essbare Gemeinde Österreichs«. Begonnen hat es 2013 mit der »Essbaren Landschaft« am Spielplatz. Heute gibt es in Übelbach zahlreiche »Essbare Plätze«, die ohne Kunstdünger bewirtschaftet werden.

101 Die Mariengrotte

Ein Ort der Verehrung für die heilige Bernadette

Bernadette Soubirous (1844–1879) gab an, im Alter von 14 Jahren zwischen dem 11. Februar und dem 16. Juli 1858 insgesamt 18 Marienerscheinungen gehabt zu haben. So umstritten ihre Angaben zunächst waren, ihr Geburtsort Lourdes wurde binnen wenigen Jahren zu einem der bedeutendsten Wallfahrtsorte Europas und Bernadette 1925 selig- und 1933 heiliggesprochen. Sie war die erste Heilige, von der es auch Fotos gab. Nach Lourdes pilgern heute rund sechs Millionen Menschen pro Jahr.

Bernadette wuchs in ärmlichen Verhältnissen auf und litt unter Asthma und Dystrophie, weshalb sie wesentlich jünger aussah, als sie war. Sie litt schon als Kind unter Hunger und wurde von den Zieheltern und der Amme gezüchtigt. 14 Tage vor ihren Erscheinungen zog sie wieder zu ihren alkoholkranken und arbeitslosen Eltern zurück. Am 11. Februar sammelte sie mit ihrer Schwester und einer Freundin Holz in der Grotte von Massabielle. Dort erschien ihr zum ersten Mal eine weiß gekleidete Frau. Bei der dritten Erscheinung forderte die Frau sie auf, den Priestern mitzuteilen, dass hier eine Kapelle zu errichten sei. Auf die Frage, wer die Dame sei, antwortete diese: »Ich bin die Unbefleckte Empfängnis.« Bei den Erscheinungen waren bald immer mehr Leute zugegen, bei der 15. waren es bereits 8.000 Schaulustige. Am 18. Februar 1862 erklärte der Ortsbischof von Tarbes die Erscheinungen für wahrhaftig, »die Gläubigen sind berechtigt, daran zu glauben«. Bernadette wurde Ordensschwester.

Im Jahr 2006 hatte der Unterlammer Pfarrer Franz Brei die Idee, in einem Hang hinter der Pfarrkirche die Lourdesgrotte nachbauen zu lassen. Zu diesem Zweck erhielt er auch die bislang einzige Reliquie Bernadettes, die in Österreich zu sehen ist. An jedem 11. des Monats um 9 Uhr wird eine heilige Messe gehalten. Außerdem wurde ein Rundweg angelegt, an dem die 18 Erscheinungen Bernadettes nachgebildet sind.

Adresse Pfarre Unterlamm, Unterlamm 122, 8352 Unterlamm, Tel. 0664/75073574; Koordinaten: 46.97863189101019, 16.060160665848187 | **Anfahrt** auf der L223 über Großwilfersdorf und Söchau nach Unterlamm, dort Abzweigung beim Gasthaus Lenz-Riegler nehmen | **Öffnungszeiten** jederzeit frei zugänglich | **Tipp** In dieser Region gibt es zahlreiche Weingüter; sie wird das »Vulkanland« genannt und ist für ihre hochwertige Kulinarik bekannt.

102 Die Frauenburg

Die legendäre Burg der Schwarzenbergs

Ein Besuch dieser Anlage ist nicht nur für Burgenfans ein Muss. Die Jakobskirche und die weiter oben gelegene Frauenburg ergeben ein Gebäudeensemble, das nach kurzem, steilem Anstieg bewundert und genossen werden kann.

Die Höhenburg wurde 1260 von Ulrich von Liechtenstein (um 1200–1275), einem der berühmtesten Minnesänger der Steiermark, errichtet. Zumindest wurde sie damals erstmals urkundlich erwähnt, man nimmt aber an, dass Ulrich einen Vorgängerbau aus Holz geerbt hatte und bereits 30 Jahre zuvor einen steinernen Wehrturm errichten ließ. Ulrich war durchaus ein bedeutender Mann, er bekleidete in den Jahren 1244/45 das Amt eines Truchsesses der Steiermark, war von 1267 bis 1272 Marschall und im Jahr 1272 auch Landrichter.

Ulrich dürfte die Frauenburg geliebt und hier auch gewohnt haben. Etwas weiter unterhalb steht die Jakobskirche, deren romanischer Vorgängerbau in etwa zur selben Zeit entstanden sein dürfte wie die Burg selbst und auch in den Wehrbau integriert war. Auf der Frauenburg – man vermutet, dass Ulrich der Burg diesen Namen gegeben hat – schrieb er seinen »Frauendienst«, ein 15.000 Verse und 57 Lieder umfassendes Gesamtkunstwerk.

Doch Ulrich hatte nicht nur Glück. Sein Pächter Pilgrim von Katsch und dessen Diener Weinholt nahmen ihn auf ebendieser Burg gefangen, und erst ein Jahr später kam Ulrich nach einer Lösegeldzahlung des Grafen Meinhart von Görz wieder frei. Später konfiszierte der Böhmenkönig Ottokar den Besitz, Ulrich erhielt ihn aber unbeschadet wieder zurück. Als Ulrichs Familie ausgestorben war, erwarben die Stubenberger die Anlage, die 1597 den Mathematiker Johannes Kepler hier zu Gast hatten. In den 1670er Jahren kaufte die Familie Schwarzenberg die Burg, die sie immer noch besitzt. Die Burgruine ist heute frei zugänglich. Alljährlich findet hier auch ein beliebtes Burgfest statt.

Adresse Burgstraße 48, 8800 Unzmarkt-Frauenburg; Koordinaten: 47.20479903045639, 14.436823258363452 | Anfahrt auf der S36 (Murtal Schnellstraße) bis Unzmarkt, dort die Mur überqueren und via Burgstraße zu Jakobskirche und Ruine | Tipp In Unzmarkt befindet sich die Pfarrkirche St. Magdalena, die besonders prunkvoll ausgestattet ist.

103__Der Sagenberg

Rund um die Burg Obervoitsberg

Der Historiker Ernst Lasnik ist nicht nur einer der bedeutendsten Geschichtsforscher der Weststeiermark, er ist auch – mit Verlaub – ein Faktotum. Wenn die Schautafeln schmutzig sind, macht sich Lasnik selbst mit Kübel und Putzlappen auf, um sie zu reinigen. Es steckt einfach zu viel Herzblut in diesem Projekt. Die Rede ist vom Weststeirischen Sagenberg, einer Sammlung von 24 Schautafeln, die im Jahr 2014 rund um die Burg Obervoitsberg errichtet wurden.

Aber gehen wir zunächst einen Schritt zurück. 1164 wird die Burg Obervoitsberg im Auftrag des steirischen Landesherrn Ottokar IV. erbaut. Dieses »Castrum Voitesperch« war eine Höhenburg, die in die Stadtbefestigung integriert war. Nach einem Blitzschlag musste die Burg 1798 aufgegeben werden. Ende des 19. Jahrhunderts wurde sie von der Graz-Köflacher Eisenbahn- und Bergbaugesellschaft restauriert und der Stadt Voitsberg geschenkt, seit 1960 finden hier viele Veranstaltungen statt.

Man sagt aber auch, dass in den Kellern der Ruine ein sagenhafter Schatz schlummere. Ein Bursche soll eines Tages sogar einen Gang gefunden haben, in dem sich Fässer befanden. Der junge Mann öffnete das erste Fass, eine Schlange lugte hervor, sie hatte einen Schlüssel im Maul. Vor Angst machte der Bursche kehrt und rannte davon, während hinter ihm die Schlange, die in Wahrheit ein verzaubertes Burgfräulein war, bitterlich weinte. Was der Bursche nicht wissen konnte: Nur wer den Mut aufbringt, der Schlange den Schlüssel aus dem Maul zu nehmen, der wird den Schatz auch bekommen.

Geschichten wie diese gibt es in der Region zuhauf, sie handeln von Hexen, Zwergen, Zauberern und seltsamem Getier. So beschloss die Gemeinde im Jahr 2014, 24 Künstler damit zu beauftragen, Sagen der Region zu illustrieren. Und so erfährt man rund um die Burgruine Obervoitsberg auch etwas vom Wassermann von Salla, vom Horaweibl und von anderen Kreaturen.

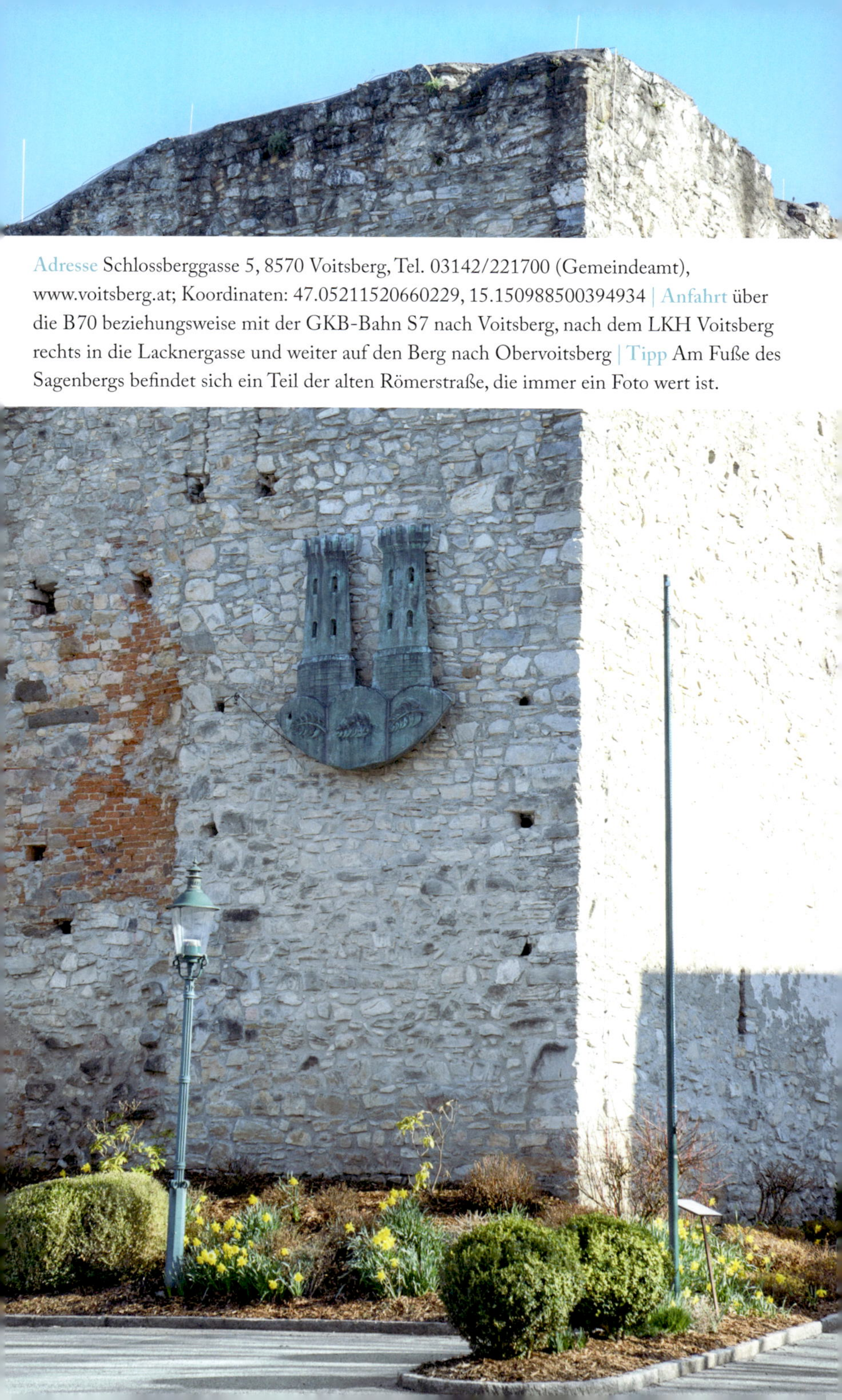

Adresse Schlossberggasse 5, 8570 Voitsberg, Tel. 03142/221700 (Gemeindeamt), www.voitsberg.at; Koordinaten: 47.05211520660229, 15.150988500394934 | Anfahrt über die B70 beziehungsweise mit der GKB-Bahn S7 nach Voitsberg, nach dem LKH Voitsberg rechts in die Lacknergasse und weiter auf den Berg nach Obervoitsberg | Tipp Am Fuße des Sagenbergs befindet sich ein Teil der alten Römerstraße, die immer ein Foto wert ist.

104 Das Spielplatz-Denkmal

Ein Kunstwerk der Grazer Sezessionisten

Zwischen 1927 und 1930 regierte in der weststeirischen Bezirkshauptstadt Voitsberg ein Bürgermeister, dessen Wirken weit über seinen Tod hinaus Nachhall findet. Zu verdanken hat er das seiner überaus sozialen Amtsführung in einer Zeit der wirtschaftlichen Depression. Allein im Jahr 1926 wurden 260 Personen in Voitsberg als arbeitslos gemeldet. Das bedeutete damals, mit der Arbeit in einer Fabrik auch die Werkswohnung zu verlieren. Hans Deutscher reagierte kreativ. Aus der Verladerampe einer ehemaligen Holzwarenfabrik ließ er Wohnungen schaffen, leer stehende Gasthäuser funktionierte er kurzerhand in Heime für Arbeiter um. Er errichtete Siedlungen mit erschwinglichen Häusern und unterstützte weniger wohlhabende Mitbürger.

Nach drei Jahren endete seine Amtszeit, danach explodierte das politische Pulverfass und mündete in den Zweiten Weltkrieg. Es dauerte bis 1962, Deutscher war zu diesem Zeitpunkt bereits verstorben, bis man sich seiner wieder erinnerte, und zwar in beeindruckender Form. Architekt Franz Jakubecki konzipierte 1962 einen Kinderspielplatz, sieben Künstler der 1923 gegründeten Künstlervereinigung Grazer Sezession beteiligten sich daran. Rudolf Pointner (Entwurf, 1907–1991) und Emanuel Kolowratnik (Ausführung, geboren 1913) gestalteten die Keramikwand, der in Voitsberg tätige Maler Gottfried Fabian (1905–1984) die Ziegelwand, der Maria Lankowitzer Bildhauer Gerhardt Moswitzer (1940–2013) die Stele, Friedrich Aduatz (1907–1994) das Tischmosaik, Gerhard Lojen (1935–2005) das Betonrohr mit dem Steinschnittrelief und Franz Eigner (1931–2022) die Flächen für die Hüpfspiele.

Dieses Kunstwerk inmitten einer von Deutscher einst angelegten Siedlung war danach viele Jahre dem Verfall preisgegeben. In den Jahren 2016 bis 2019 wurde das Ensemble schließlich vom engagierten Verein »Provinz-Aktion Weststeiermark« und dessen Obmann Franz Dampfhofer restauriert.

Adresse Hans-Deutscher-Gasse 6, 8570 Voitsberg | Anfahrt auf der B70 nach Voitsberg, in die Arnsteinstraße einbiegen und nach etwa 2 Kilometern links in die Hans-Deutscher-Gasse, Denkmal in der Mitte der Straße rechter Hand | Tipp Fünf Minuten Gehzeit entfernt befindet sich der Voitsberger Hauptplatz, einer der größten Plätze der gesamten Steiermark.

105 Das Wahrzeichen Greißenegg

Ein historisches Schmuckstück

1984 kaufte der Landwirt und Holzhändler Franz Steirer das wie ein Geisterhaus wirkende Anwesen Schloss Greißenegg, zu dessen Füßen die Bezirkshauptstadt Voitsberg liegt. Für Steirer wurde damit einen Lebenstraum wahr, allerdings stand das Gebäude praktisch leer. Das Interieur wurde über das Dorotheum in Graz in einer Sonderauktion am 14. Mai 1984 versteigert. Franz Steirer erfüllte sich mit dem Schloss dennoch einen lange ersehnten Wunsch, verstarb jedoch früh. Seit damals hegen und pflegen seine Angehörigen das Schloss und sammeln passendes Mobiliar. Sie sind dem Charme des Anwesens aus dem 13. Jahrhundert erlegen.

Ein Charme, der wohl von der Geschichte des Gebäudes herrührt, handelt es sich doch um das ehemalige Schloss des mittelalterlichen Adeligen Andreas von Greißenegg (1425–1471) und des Industriellen August Zang (1807–1888). Ersterer wurde im Zuge der Baumkircherfehde in Graz hingerichtet. Um Greißenegg ranken sich einige Sagen, so sagt man, dass er vor der Reise nach Graz gewarnt worden sei, die Warnungen aber leichtfertig in den Wind geschlagen habe. Zang wiederum war niemand anderer als der Gründer der Tageszeitung »Die Presse«, der Erfinder des Croissants in Frankreich und ein weithin bekannter Millionär.

Seit dem Jahr 2018 wird das Schloss nun als exklusive Hochzeits-Location vermietet. Dabei bietet es neben einer Kapelle zahlreiche Festsäle, eine Bar, einen Lastenaufzug und einen breiten herrschaftlichen Stiegenaufgang. Außerdem befindet sich im Erdgeschoss eine Weinschenke, die am Wochenende geöffnet hat. Dort werden auch exklusive, von der Hausbesitzerin persönlich hergestellte Pralinen kredenzt.

Immer wieder gibt es auch Kaufanfragen, zudem wäre hier beinahe eine Dracula-Verfilmung gedreht worden.

Adresse Greißeneggerstraße 5, 8570 Voitsberg, Tel. 0676/9245355 | Anfahrt an der B70, der Umfahrungsstraße von Voitsberg, am Kreisverkehr Richtung Einkaufszentrum Vorum | Öffnungszeiten Feb.–Mitte Juli und Mitte Aug.–Weihnachten Fr–So und Feiertage ab 15 Uhr | Tipp Im Nachbarort Köflach befindet sich die Therme Nova, die einzige Therme der Weststeiermark (An der Quelle 1).

106 Die unterirdischen Gänge

Sub Terra Vorau – die Welt unter der Erde

Nicht alles, was sehenswert ist, ist auf den ersten Blick auch sichtbar. In der Steiermark wurde in den letzten Jahren einem Phänomen auf die Spur gekommen – hier ist vor allem dem Grazer Höhlenforscher-Ehepaar Ingrid und Heinrich Kusch zu danken –, das noch längst nicht ausgeforscht scheint. In der Gegend rund um das Augustiner-Chorherrenstift Vorau, ja sogar direkt unterhalb des Stifts, wurden Hunderte von Gangsystemen entdeckt, teilweise mehrere hundert Meter lang. An der Oberfläche sind Kreuzungen dieser Gänge mit sogenannten Lochsteinen (Menhiren) markiert.

Die Vermutungen, worum es sich bei den Gängen handelt, reichen von simplen Schutzgräben, sogenannten Erdställen, die man aus Angst vor Ungarn- oder Türkeneinfällen im Mittelalter anlegte, bis hin zu abstrus wirkenden Gedanken an menschliche Hochkulturen, die bisher noch nicht erforscht wurden, oder sogar Kulturen, die außerirdischen Ursprungs sind.

Was die Wissenschaft so stutzig macht, ist, dass in diesen Gangsystemen einerseits keine Gegenstände wie Werkzeuge oder Waffen gefunden wurden, sie aber andererseits technisch so perfekt sind, dass es urzeitlichen Menschen nicht möglich gewesen sein kann, sie zu bauen. Gesteinsproben haben außerdem ergeben, dass die Schürfstellen mehrere zehntausend Jahre alt sind.

Die Forschung steht also vor einem gewaltigen Rätsel, das sie derzeit nicht lösen kann. Kusch geht weiterhin davon aus, dass diese Gangsysteme im Mittelalter zugeschüttet wurden, und vermutet sogar, dass einst die Kirche dahinterstand. Er fragt sich, was dazu geführt haben mag, und beruft sich außerdem auf zahlreiche Legenden, die darauf hinweisen, dass es geheime Gänge unter vielen Burgen gegeben habe.

Wenn man auch bislang keine allgemeingültigen Antworten auf das Phänomen finden konnte, so gibt es doch die Möglichkeit, diese Gänge zu besichtigen. Der Verein »Sub Terra Vorau« macht es möglich.

Adresse Sub Terra Vorau, Bahnhofstraße 80, 8250 Vorau, www.subterravorau.at | Anfahrt auf der A2 (Südautobahn) Richtung Wien bis Ausfahrt Hartberg, dort auf die B54 beziehungsweise L405 bis Vorau, Stift Vorau etwas abseits auf einem Hügel | Öffnungszeiten Führungen zu den unterirdischen Gangsystemen möglich, Infos siehe Website | Tipp Man sollte sich unbedingt auch das Augustinerstift Vorau selbst ansehen, Führungen sind sehr zu empfehlen (Anmeldung unter Tel. 03337/2351 oder per E-Mail an pforte@stift-vorau.at).

107 Das Meranhaus

Erinnerung an eine Zeit voller Entbehrungen

Es begann mit einem Zufall. 1822 erwarb Erzherzog Johann ein im 17. Jahrhundert erbautes Haus in Vordernberg. Später gelangte das Anwesen ans Steiermärkische Landesarchiv, 1887 wurde ein Hausbüchl der ehemaligen Besitzerin des Hauses, Maria Elisabeth Stampfer, veröffentlicht. 1926 »übersetzte« Dichter Gustav Hackl dieses Hausbüchl in modernes Deutsch, doch erst in den 1970er Jahren wurde der enorme Wert des Dokuments verstanden, denn es handelt sich um die Aufzeichnungen einer »normalen« Frau – eine Seltenheit für die Barockzeit.

Kurz zu ihrer Biografie: Maria Elisabeth kam im Februar 1638 in Graz zur Welt. Ihre Mutter war eine geborene Tengg, deren Bruder war Amtmann in Vordernberg. Als Maria Elisabeth als junge Frau ihren Onkel besuchte, lernte sie Hans Adam Stampfer kennen, einen Radmeister. Die beiden heirateten, 1684 kaufte Stampfer das Haus, das später Erzherzog Johann erwarb und heute als »Meranhaus« oder »Stampferhaus« bekannt ist.

Das Tagebuch der Stampferin beginnt mit den Worten »Im Namen der allerheiligsten Dreifaltigkeit schreib ich dieses Büchl meinen Kindern zu einer Gedächtnis im 1679. Jahre«. Sie beschrieb darin nicht nur lokales Geschehen, sondern auch Großereignisse wie etwa die Pestepidemie von 1679 in Wien, die auch die Obersteiermark erreichte. Auch von der Türkenbelagerung 1683 ist die Rede: »[…] hab mein Lebtag nie gesehen so ein Fliehen und Fahren Tag und Nacht, es ist ein Weinen und Heulen gegangen, dass einem das Herz hätt bluten mögen […].«

Die Stampferin wurde 62 Jahre alt und starb im Jahr 1700. Ihre Familie zählte zu den wichtigsten Bergbaufamilien der Steiermark – und ihr Vermächtnis ist eines der wichtigsten regionalen Zeitdokumente der Neuzeit. Es befindet sich im Steiermärkischen Landesarchiv – das Haus, in dem sie lebte, ist heute noch Teil des Gebäudeensembles ihres Heimatortes.

Adresse Hauptstraße 85, 8794 Vordernberg | Anfahrt auf der B115 nach Vordernberg, 4. Häuserblock nach dem Hauptplatz, direkt an der Hauptstraße | Öffnungszeiten nur bei Sonderveranstaltungen zugänglich, Infos zu Terminen bei der Gemeinde unter Tel. 03849/206 | Tipp Wenn man schon einmal hier ist, dann sollte man gleich weiter auf den Präbichl fahren, zum Skilift oder dem Weltkriegs-Denkmal an der Kuppe.

108 Der Friedhof der Märtyrer

Seligsprechungen für Steirerinnen stehen im Raum

»Maria Krückl, Novizin der Marienschwestern in Vorau [...] als Opfer der Reinheit am 8. April 1945 von den Russen ermordet.« Diese Inschrift am Friedhof von Wenigzell ziert noch heute den Grabstein einer Frau, die vielleicht sogar eine Märtyrerin war. Seit 2022 findet ein Seligsprechungs-Prozess statt, der gleich zwei Steirerinnen – noch dazu aus demselben Ort – seligsprechen könnte. Es handelt sich um die beiden Wenigzeller Ordensschwestern Barbara Sicharter (1829–1905), die 1865 die »Kongregation der Schwestern von der Unbefleckten Empfängnis in Vorau« gegründet hat, und die eingangs erwähnte Maria Krückl (1918–1945), eine Novizin in der Ordensgemeinschaft, die ein grausames Schicksal erlitt. Sollten die Verfahren positiv enden, so wäre es Wenigzell erlaubt, diese beiden Frauen öffentlich zu verehren.

Zur Genese: Die Mitglieder dieses Ordens wurden wegen ihrer einheitlichen Kleidung liebevoll die »Blauen Schwestern« genannt und erlangten deshalb schnell Kultstatus in der Region, weil sie auch Hausbesuche bei Kranken machten, was zu jener Zeit nicht üblich war. Sicharter wird ein überaus »vorbildliches Leben im Glauben« zugestanden, sie eröffnete für die ärmere Bevölkerung ein Krankenhaus in Vorau, das heute noch existiert.

Maria Krückl dagegen war kaum ein Jahr bei den Blauen Schwestern, als sie eine folgenschwere Entscheidung traf. Der Krieg war beinahe zu Ende, als russische Truppen ihren Heimathof in Wenigzell – den am meisten zerstörten Ort ganz Österreichs – stürmten. Die junge Frau versteckte sich, wurde aber im Viehstall des Elternhauses entdeckt. Soldaten fielen über sie her, versuchten, sie zu schänden, doch sie wehrte sich. Plötzlich fielen zwei Schüsse. Maria Krückl starb an Ort und Stelle. Bis heute ist die Betroffenheit darüber groß. Die Kirche spricht nun davon, dass sie den Märtyrertod gestorben sein könnte.

Adresse Friedhof Wenigzell, 8245 Wenigzell, seligsprechung@marienschwestern-vorau.at | Anfahrt über die A2, ab Gleisdorf auf der B65 beziehungsweise B54 nach Vorau | Öffnungszeiten jederzeit zugänglich | Tipp Der Barfußpark Wenigzell macht Spaß – 30 Stationen auf drei Routen sind zu bewältigen.

109__Der Teufelssee

Hier spiegelt sich die Teufelsfratze

Die Steiermark ist voll von mystischen Orten, Gegenden, die eine seltsame Kraft ausstrahlen und eine Aura haben, die sensible Menschen nur allzu deutlich spüren. Ein solcher Ort ist der geheimnisvolle Teufelssee im Hochschwabgebiet, der sich an einem der schwer zugänglichsten Orte des Landes befindet.

Um ihn ranken sich viele Legenden, und es soll nicht nur deshalb nicht ratsam sein, in ihm zu schwimmen, weil er eiskalt ist. So manches Wildgetier soll hier schon verendet und sein Kadaver an den Ufern des idyllischen Bergsees verrottet sein. Geschichten von Jägern und Wilderern drehen sich um diesen Ort, und wer wissen will, was dort so Sagenhaftes vor sich geht, der sollte sich auf eine der Felswände begeben, die sich über die Ränder des Sees erheben. Wer von dort hinabblickt, erkennt sein Gesicht. Seine grinsende Fratze. Das Antlitz des Teufels.

In erster Linie ist dieser malerische See, der auch als geheimnisvoller »Zwilling des Grünen Sees« bezeichnet wird, aber schwer zu finden. Ungeübte Wanderer sollten die Tour meiden. Wenn überhaupt, dann sollte man sie nur mit einem kundigen Bergführer unternehmen, denn Wegweiser gibt es hier erst kurz vor dem Ziel. Eine Wanderung zum Teufelssee und retour ist eine knackige Tagestour, für die man rund neun bis zehn Stunden berechnen sollte. Der Steig auf den nahen Großen Griesstein (2.023 Meter) ist nicht beschildert, man kann sich nur an ausgetretenen Pfaden orientieren. Unterhalb des Brandsteins befindet sich dann der See ganz im Nordwesten des Hochschwabmassivs. Er liegt in einer Trichterdoline, ist auf zwei Seiten von besagten Felswänden umgeben und an den anderen beiden von dichtem Urwald. Man sagt, hier wehe kein Wind, und die schwarzgrüne Wasseroberfläche des Sees kräusle sich zuweilen seltsam. Im Krimi »Der Tod tanzt in Graz« spielt der Teufelssee übrigens eine zentrale Rolle.

Adresse 8924 Wildalpen; Koordinaten: 47.61624186939985, 14.972569545574613 | Anfahrt vom Ort Wildalpen über die Hinterwildalpenstraße und den Winterhöhweg bis zum Parkplatz Winterhöh, von dort oder vom Grünen See beziehungsweise von der Sonnschienalm aus zu Fuß weiter, je nach Route etwa 1.000 Höhenmeter | Tipp In der Salztaler Kanuschule in Wildalpen kann man sich auch im Raften und Paddeln versuchen (Tel. 0664/1604668).

110_Die Schlossbergbühne

Ein Theater mitten im Wald

Seit 1977 hat die südsteirische Gemeinde Wildon eine echte Besonderheit zu bieten. Mitten im Wald des Wildoner Schlossbergs wurde eine Arena für rund 300 Besucherinnen und Besucher errichtet, dazu eine Bühne samt Backstagebereich und zwei Buden zur Bewirtung der Gäste: die Wildoner Schlossbergbühne.

Erstmals zusammengefunden haben die engagierten Theaterbegeisterten im Jahr 1973. Errichtet wurde die Naturbühne aber erst 1975, da wurde dann auch gleich ein Verein gegründet. Das erste Stück wurde 1977 gespielt. Von der Naturbühne – oder besser gesagt dem kulinarischen Eingangsbereich – aus hat man einen wunderbaren Ausblick aufs Grazer Feld.

Seit 1977 gibt es mindestens eine Aufführung pro Jahr, meist sind es sogar mehrere. 2021 wurde dem Autor dieses Buches eine besondere Ehre zuteil, als das Ensemble seine »Steirischen Sagen« zu einem spannenden Theaterstück namens »Bluatiger Regn« machte. Als Regisseur fungiert seit vielen Jahren der Brucker Jürgen Gerger.

Der 450 Meter hohe Schlossberg eignet sich außergewöhnlich gut für theatralische Auftritte, hat er doch selbst schon einiges erlebt, nicht umsonst stellt er einen großartigen Fundplatz für heimische Archäologen dar. Die Eckpunkte sind: Im 10. und 11. Jahrhundert war die Hengistburg der Mittelpunkt der Karantanischen Mark, die sich über Kärnten, Krain und Teile der Steiermark erstreckte. Verkehrstechnisch lag der Berg äußerst günstig, er war deshalb auch im Hochmittelalter von vier Burgen bewehrt. Erste Besiedelungen gab es hier bereits ab dem 5. Jahrtausend vor Christus, die Grabungskampagnen des Universalmuseums Joanneum brachten in den 1980er und 1990er Jahren Besiedlungsnachweise von 22 Phasen im Zeitraum zwischen 4800 vor Christus und dem 17. Jahrhundert ans Tageslicht, gefunden wurden Artefakte von der Steinzeit bis in die Neuzeit. Man nennt den Berg deshalb auch »Steirisches Geschichtsbuch«.

Adresse Am Schloßberg, 8410 Wildon, Tel. 0660/1549494, www.wildoner-schlossbergbuehne.at | **Anfahrt** im Ort Wildon rechts abbiegen, bei der ersten Möglichkeit zur Schlossbergbühne, nur wenige Parkplätze im Wald, daher besser im Ort parken; alternativ mit der S5 nach Wildon | **Öffnungszeiten** Infos zum Programm siehe Website | **Tipp** Das Museum im Schloss Wildon zeigt bemerkenswerte archäologische Funde, die hier in der Region in den letzten Jahren zutage kamen.

111__Der Kaiserwald

Ein Wald, ein Mysterium

Einst wurde er »des Herzogens Wald« genannt, da Herzog Ernst der Eiserne sein Besitzer war. Als dessen Sohn als Friedrich III. zum Kaiser des Heiligen Römischen Reichs wurde, hieß der Wald »Kaiserliches Khart«, ab 1787 – im Zuge der Josephinischen Landesaufnahmen – dann aber »Kaiserwald«, und das ist bis heute so geblieben.

Der Kaiserwald ist heute ein Naherholungsgebiet, es gibt Wanderwege, Naturlehrpfade und Fischteiche. Da er über eine Lehmhaube verfügt, wurde in dem Wald auch eine Ziegelindustrie hochgezogen, die weithin bekannt war. Archäologische Grabungen zeigten zudem, dass der Kaiserwald im Grunde ein riesengroßer Friedhof ist. Hier befand sind einst ein römisches Hügelgräberfeld.

1935 hat Marianne Grubinger zum ersten Mal rund 120 solcher Gräber ausfindig gemacht und dokumentiert. Sie dürften im 1. und 2. Jahrhundert nach Christus angelegt worden sein.

Dazu kommt seine Geschichte im Zweiten Weltkrieg, denn im Schutz der Föhren und Stieleichen, die hier vorrangig wachsen, wurde eine streng geheime Rüstungstätigkeit hochgezogen. 1941 wurde eine Munitionsanstalt (Muna) errichtet, samt Schienenstrang zum Bahnhof Premstätten-Tobelbad. Bei den Bauarbeiten durch Zwangsarbeiter kamen 20 Personen zu Tode und wurden an Ort und Stelle verscharrt. Am 16. Oktober 1944 war das Munitionslager des Kaiserwalds Ziel eines Luftangriffs der Alliierten. 30 Flugzeuge warfen rund 240 Bomben ab und zerstörten drei Hektar Wald, sechs Einwohner der angrenzenden Gemeinde Dobl wurden dabei getötet, neun wurden obdachlos.

In der Nachkriegszeit dauerte es bis 1949, bis man den Wald wieder sicher machte – 140 Tonnen Kriegsmaterial wurden entschärft. Die Ruinen, die heute noch zu sehen sind, muten mitunter unheimlich an. Eine Stahlbetonhalle wird von der Bevölkerung »Tempel« genannt, daneben existieren noch einige Wassertunnel, Teile der Baracken und eine Schießstätte.

Adresse Wundschuher See (mit Waldlehrpfad), Kalvarienbergstraße 38a, 8142 Wundschuh; Koordinaten: 46.93729365676386, 15.408860861831144 | Anfahrt auf der A9 (Pyhrnautobahn) nach Wundschuh, durch den Ort bis zum Parkplatz des Badesees | Tipp Alljährlich, meist am Ende des Sommers oder am Anfang des Herbstes, findet das sehenswerte »Wurmschachern« statt, das Dorffest der Gemeinde Wundschuh.

1
45
Andritz
Weinzöttlstraße
Mur
48
A9
Gösting
Wiener Straße
Geidorf
Thal
Plabutschtunnel
Lend
46
Bahnhofgürtel
Keplerstraße
37
35
Elisabethstraße
Merangasse
95
34
39
36
47
94
Eggenberg
42
43
Sankt Leonhard
Conrad-von-Hötzendorf-Straße
Gries
Lazarett-gürtel
Jakomini
Schönau-gürtel
38
40
41
Wetzelsdorf
Kärntner Straße
Triester Straße
GRAZ
Liebenau
Straßgang
Weblinger Straße
Puntigamer Straße
Puntigam
Mur
Triester Straße
A9
Kärntner Straße
Feldkirchen bei Graz
Seiersberg
Lebern
A2
Pirka
Abtissendorf
1 km
44
Windorf

2
13
Bruck an der Mur
S6
63
Leoben
Pernegg an der Mur
12
Birkfeld
71
Naturpark Almenland
S35
Frohnleiten
28
A9
4
Anger
27
100
14
70
81
Übelbach
99
Semriach
82
Peggau
Weiz
92
93
60
29
St. Radegund bei Graz
Kumberg
Geistthal-Södingberg
Kainach
ei Voitsberg
32
33
Gratwein-Straßengel
56
1
Gleisdorf
31
Graz
91
ölflach
58
A2
61
87
St. Bartolomä
11
Voitsberg
65
103
Nestelbach bei Graz
68
86
90
105
104
85
53
52
Hitzendorf
Premstätten
64
Ligist
A2
25
Fernitz
Lannach
111
51
Wundschuh
Stainz
16
Wildon
110
A9
Preding
Deutschlandsberg
15
Leibnitz
57
62
Kitzeck im Sausal
Schwanberg
Gleinstätten
Straß in der Steiermark
5 km
17
18
Ehrenhausen an der Weinstraße

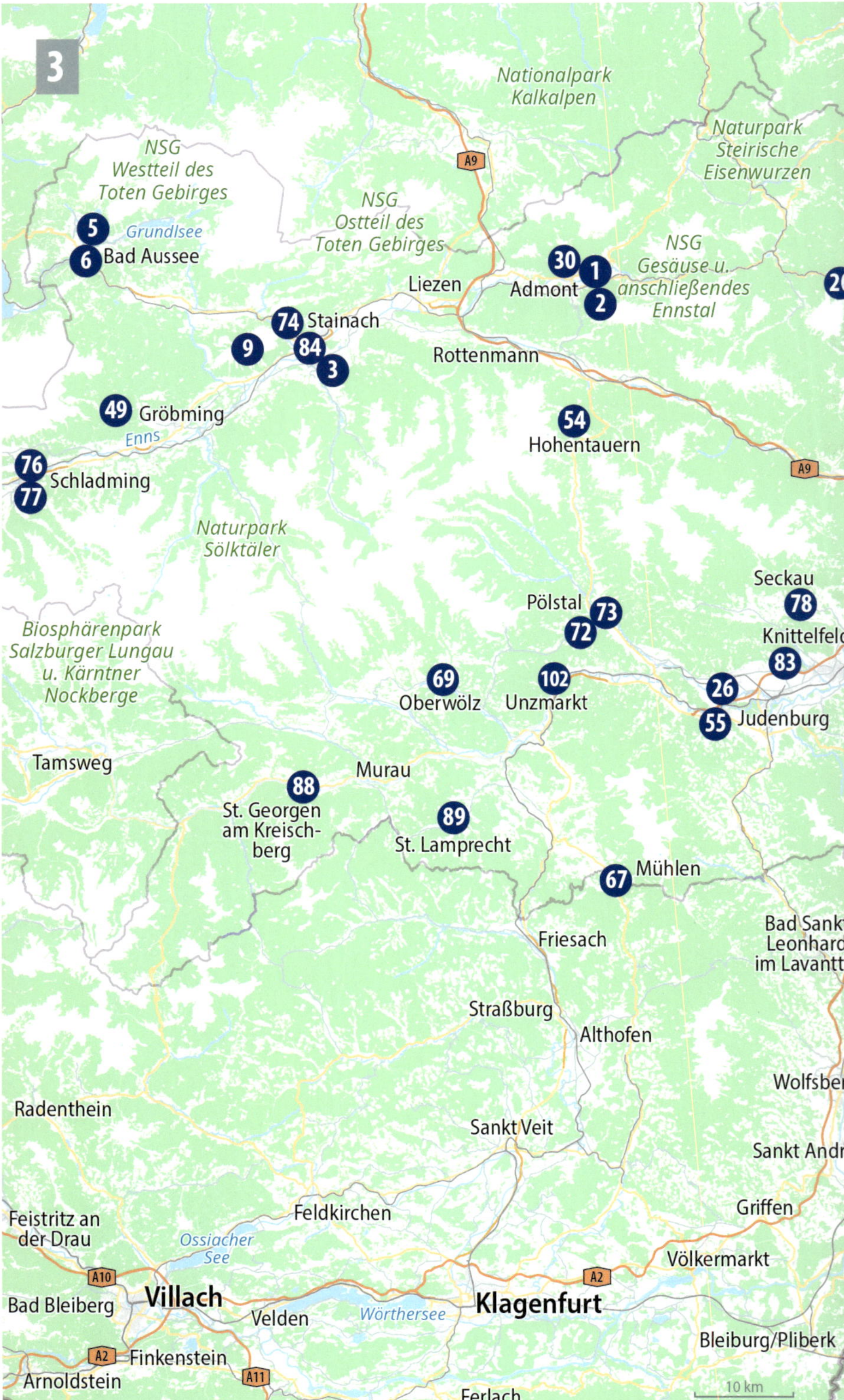
3
Nationalpark Kalkalpen
Naturpark Steirische Eisenwurzen
NSG Westteil des Toten Gebirges
NSG Ostteil des Toten Gebirges
NSG Gesäuse u. anschließendes Ennstal
A9
5
Grundlsee
6
Bad Aussee
30
1
2
Liezen
Admont
74
Stainach
9
84
3
Rottenmann
49
Gröbming
Enns
54
Hohentauern
76
Schladming
77
Naturpark Sölktäler
Seckau
78
Pölstal
73
72
Knittelfeld
83
Biosphärenpark Salzburger Lungau u. Kärntner Nockberge
69
Oberwölz
102
Unzmarkt
26
55
Judenburg
Tamsweg
88
Murau
St. Georgen am Kreischberg
89
St. Lamprecht
67
Mühlen
Friesach
Bad Sankt Leonhard im Lavanttal
Straßburg
Althofen
Wolfsberg
Radenthein
Sankt Veit
Sankt Andrä
Griffen
Feistritz an der Drau
Feldkirchen
Ossiacher See
Völkermarkt
A10
A2
Villach
Klagenfurt
Bad Bleiberg
Velden
Wörthersee
Bleiburg/Pliberk
A2
Finkenstein
A11
Arnoldstein
Ferlach
10 km

4
Mariazell
Wildalpener Salzatal
Ternitz
Gloggnitz
Mürzzuschlag
Krieglach
Thörl
Kindberg
Vordernberg
Wenigzell
Vorau
Bruck an der Murnau
Trofaiach
Leoben
Naturpark Almenland
Pöllau
Hartberg
Frohnleiten
Weiz
Bad Blumau
Gratwein-Straßengel
Gleisdorf
Graz
Köflach
Voitsberg
Fürstenfeld
Mur
Feldbach
Fehring
Österreich
Deutschlandsberg
Leibnitz
Mureck
Bad Radkersburg
Slovenien
Dravograd
Ravne na Koroškem
Ruše
Maribor
A9
A2

Franz Hlavac, Gisela Hopfmüller
111 Orte in Kärnten,
die man gesehen haben muss
ISBN 978-3-7408-2203-3

Kristof Halasz
111 Orte in Vorarlberg,
die man gesehen haben muss
ISBN 978-3-7408-2016-9

Walter M. Weiss
111 Orte im Salzkammergut,
die man gesehen haben muss
ISBN 978-3-7408-1601-8

Monika Schmitz
111 Orte im Lungau,
die man gesehen haben muss
ISBN 978-3-7408-1788-6

Cornelia Lohs
111 Orte in Salzburg,
die man gesehen haben muss
ISBN 978-3-7408-1221-8

Sabine M. Gruber
111 Orte der Musik in Wien,
die man erlebt haben muss
ISBN 978-3-7408-1667-4

Günther Zäuner
111 Orte in der Wiener Unterwelt, die man gesehen haben muss
ISBN 978-3-7408-1438-0

Sabine M. Gruber
111 Orte in den Wiener Alpen,
die man gesehen haben muss
ISBN 978-3-7408-1213-3

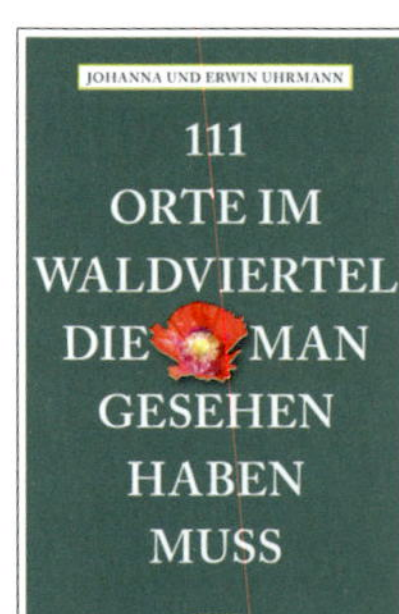

Johanna Uhrmann, Erwin Uhrmann
111 Orte im Waldviertel,
die man gesehen haben muss
ISBN 978-3-7408-1666-7

Johanna Uhrmann, Erwin Uhrmann
111 Orte in der Wachau,
die man gesehen haben muss
ISBN 978-3-7408-1668-1

Alexander Peer
111 Orte im Pinzgau,
die man gesehen haben muss
ISBN 978-3-7408-1199-0

Walter M. Weiss
111 Orte im Ausseerland,
die man gesehen haben muss
ISBN 978-3-7408-1464-9

Georg Renöckl
111 Orte im Mühlviertel,
die man gesehen haben muss
ISBN 978-3-7408-1431-1

Christoph Schrahe,
Stefan Herbke, Thomas Biersack
111 Skipisten, die man
gefahren sein muss
ISBN 978-3-7408-1600-1

Sophie Reyer
111 Wiener Orte
und ihre Legenden
ISBN 978-3-7408-1533-2

Andrea Nagele
111 Orte in Klagenfurt
und am Wörthersee,
die man gesehen haben muss
ISBN 978-3-7408-1093-1

Rolando N. Grumt Suárez
111 Orte in Hallstatt,
die man gesehen haben muss
ISBN 978-3-7408-0858-7

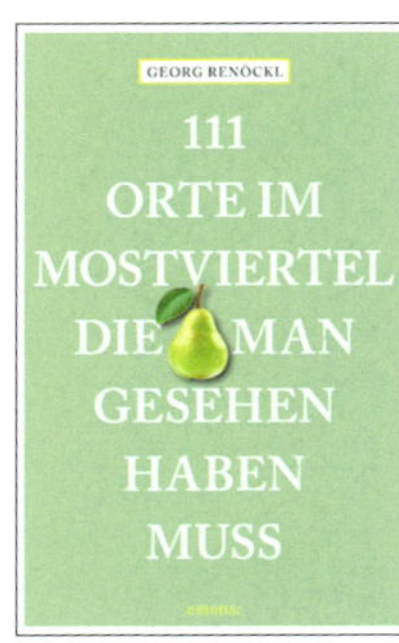

Georg Renöckl
111 Orte im Mostviertel,
die man gesehen haben muss
ISBN 978-3-7408-1074-0

Susanne Gurschler
111 Orte in Osttirol, die man gesehen haben muss
ISBN 978-3-7408-0847-1

Gerhard Hohlstein, Günther Pfeifer, Franziska Wohlmann-Pfeifer
111 Orte im Weinviertel, die man gesehen haben muss
ISBN 978-3-7408-0843-3

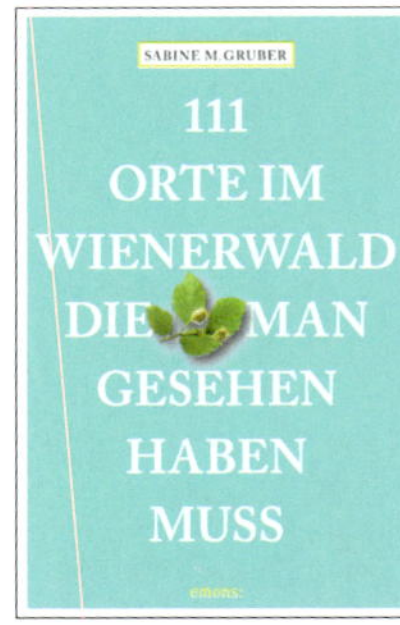

Sabine M. Gruber
111 Orte im Wienerwald, die man gesehen haben muss
ISBN 978-3-7408-0844-0

Daniela Dejnega, Luzia Schrampf
111 Weine aus Österreich, die man getrunken haben muss
ISBN 978-3-7408-0618-7

Robert Preis
111 schaurige Orte in der Steiermark, die man gesehen haben muss
ISBN 978-3-7408-0445-9

Lisa Graf-Riemann, Ottmar Neuburger
111 Orte vom Wilden Kaiser bis zum Dachstein, die man gesehen haben muss
ISBN 978-3-7408-0138-0

Thomas Rosky
111 (Klein)Gartenlokale in und um München, die man kennen muss
ISBN 978-3-7408-1453-3

Evelyn Pschak von Rebay
111 Mal sauguad essen in München
ISBN 978-3-7408-2202-6

Rüdiger Liedtke
111 Orte in München, die man gesehen haben muss, Band 1
ISBN 978-3-7408-2126-5

Rüdiger Liedtke
**111 Orte in München,
die man gesehen haben muss,
Band 2**
ISBN 978-3-7408-1514-1

Christian Gehl
**111 Badeplätze
in und um München,
die man kennen muss**
ISBN 978-3-7408-1423-6

Cornelia Ziegler
**111 Orte rund um München,
die man gesehen haben muss**
ISBN 978-3-7408-0437-4

Dorothea Steinbacher
**111 Wallfahrtsorte
in Oberbayern, die man
gesehen haben muss**
ISBN 978-3-7408-1284-3

Astrid Süßmuth
**111 Almen und Hütten
in Oberbayern, die man
gesehen haben muss**
ISBN 978-3-7408-1751-0

Lisa Graf-Riemann,
Ottmar Neuburger
**111 Orte im Berchtesgadener Land,
die man gesehen haben muss**
ISBN 978-3-7408-1803-6

Jochen Reiss
**111 Orte im Fünfseenland,
die man gesehen haben muss**
ISBN 978-3-7408-1777-0

Astrid Süßmuth
**111 Orte im Werdenfelser Land,
die man gesehen haben muss**
ISBN 978-3-7408-0118-2

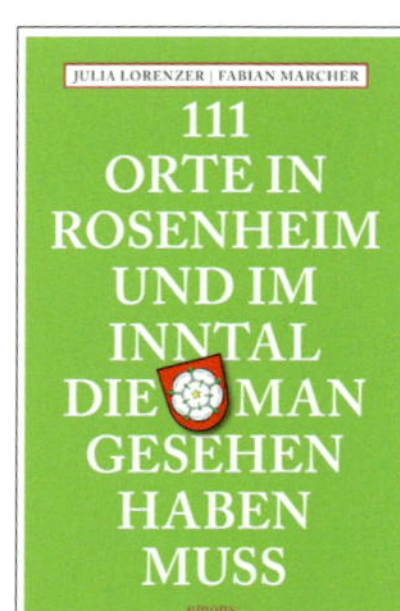

Julia Lorenzer, Fabian Marcher
**111 Orte in Rosenheim
und im Inntal, die man
gesehen haben muss**
ISBN 978-3-95451-735-0

Robert Preis wurde 1972 in Graz geboren. Nach dem Publizistik- und Ethnologiestudium in Wien lebt er heute mit seiner Familie wieder in der Nähe seiner Heimatstadt. Er ist Journalist, Autor zahlreicher Romane und Sachbücher und Initiator des FINE CRIME-Krimifestivals™ in Graz.
www.robertpreis.com

Verena Pöschl, 2002 geboren, ist selbstständige Fotografin aus Graz. Sie hat 2023 ihre Fachausbildung an der Ortweinschule in dem Bereich Fotografie und Multimedia Art absolviert. Ihre Leidenschaft für die Fotografie brachte sie auch zu einer Zusammenarbeit mit einer Tageszeitung, bei der sie ihre Arbeiten einer breiteren Öffentlichkeit präsentierte.